Robert Schneiter · 66 Sachen zum Machen

Robert Schneiter

66 Sachen zum Machen

Methoden und Spielvorschläge
für die Gruppenstunde

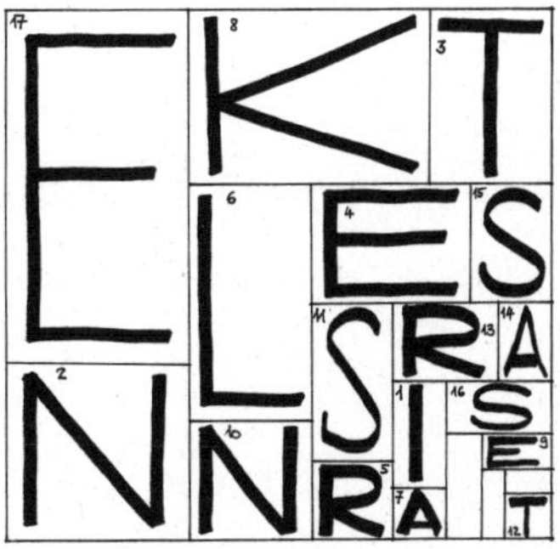

Kösel

ISBN 3-466-36131-1

Gesamtherstellung: Kösel, Kempten
Lektorat: Josef K. Pöllath
Umschlag: Bine Cordes, Weyarn

1 2 3 4 5 6 · 95 94 93 92 91 90

Inhalt

Zu diesem Buch

Den LeiterInnen von Jugendgruppen und Freizeiten stellen sich immer wieder die gleichen Fragen: »Was könnte ich mit meiner Gruppe machen?« Oder: »Was soll ich machen, wenn es regnet?« Oder: »Wie füllen wir die Zeit, wenn es im Skilager keinen Schnee gibt?« Viele JugendarbeiterInnen würden ihrer Gruppe vermehrt ein Programm anbieten, wenn diese Fragen nicht wären. Und viele Pfarrer und GemeindehelferInnen würden gerne im Bereich Jugendarbeit ein bißchen mehr anbieten und vielleicht sogar eine Jugendgruppe begleiten, wenn diese Fragen und die fehlende Zeit zur Vorbereitung des Programms nicht wären. Seit mehr als zehn Jahren kenne ich diese Fragen und diese Belastung auch. Als Gemeindepfarrer eines großen Pfarrkreises und »nebenamtlicher« Jugendarbeiter (Begleiter von zwei Jugendgruppen und Leiter von Freizeiten) bleibt mir oft viel zuwenig Zeit, um den Programmteil für die Jugendgruppen richtig vorzubereiten. Aber ich kenne auch die andere Seite: Die beiden Jugendgruppen und die Freizeiten bringen mich nicht nur in Zeitnot und bedeuten nicht nur Arbeit, sondern machen auch sehr viel Freude, bringen Abwechslung und Erfüllung. Viele wichtige Impulse für die pfarramtliche Arbeit und die schönsten Erlebnisse in meinem Beruf wurden mir auf dem Weg, den ich mit den Jugendlichen bisher zusammen gehen durfte, geschenkt.

Es fehlt in der kirchlichen Jugenarbeit ja nicht an guten Sach-, Theorie- und Spielbüchern, aber sehr oft – wenn man möglichst schnell eine Antwort auf die Frage: »Was könnte ich morgen mit der Gruppe machen?« haben sollte – verliert man sich in der Menge dieser Bücher. Für all jene, die nicht immer genügend Zeit finden, selbst zu suchen, habe ich hier ein paar mögliche Antworten formuliert und ein paar *Sachen zum Machen* zusammengestellt. Diese *Sachen zum Machen* sollen in erster Linie Anregungen sein zum selbst Phantasieren. Aber andererseits möchte ich all jenen, die in der Jugendarbeit in Zeitnot geraten sind, etwas Praktisches bieten; etwas, das die Vorbereitungszeit wesentlich verkürzen hilft. Die *Sachen zum Machen* wurden im Laufe der Jahre alle in unseren Jugendgruppen und im Unterricht ausprobiert. Die Jugendlichen machten meistens mit großer und manchmal auch mit weniger großer Begeisterung mit. Die *Sachen zum Machen* kommen also – wie man so schön sagt – aus der Praxis und sind für die Praxis. Ohne die Mitarbeit der freiwilligen MitarbeiterInnen und ohne das Mitdenken und Mitspielen der Jugendlichen wäre dieses Buch nie entstanden. Für das gemeinsame Unterwegssein danke ich ganz herzlich.

Um sich in den *Sachen zum Machen* möglichst schnell zurechtzufinden, sind alle immer gleich gegliedert. Neben den Spielregeln sind auch die nötigen Vorbereitungen und der Materialbedarf beschrieben. Die meisten *Sachen zum Machen* können auch im Unterricht durchgespielt und zur Auflockerung eingesetzt werden.
Ich hoffe, daß die *Sachen zum Machen* recht vielen Jugendlichen und denen, die in den Gruppen, Jugendzentren, Ferienlagern und im Unterricht mit ihnen zusammen unterwegs sind, viel Spaß und Freude machen.

Robert Schneiter

1
Spiele im Freien

1 Zehn Spiele im Freien
2 Das verflixte Alphabet
3 Steinzeit-Olympiade
4 Da bleibt nichts trocken

Zehn Spiele im Freien 1

1 Art und Ort

Zehn Spiele für schöne Sommerabende auf einem Spiel-, Schulhaus- oder Sportplatz.

2 Vorbereitungen

Sich mit den Spielregeln vertraut machen.

3 Spielregel

Jedes Spiel hat eigene Spielregeln und wird einzeln beschrieben.

Spiele

1. Schlangenbiß
2. Durch die Beine
3. Auf Dreien
4. Scherenlauf
5. Froschkönig
6. Virus
7. Einhak-Fangis
8. Rangierbahnhof
9. Zwillings-Fußball
10. Jägerball

4 Material

Ein Ball

5 Erfahrungen

Die Spielregeln gut und verständlich erklärt, ist schon »halb« gespielt.

1 Schlangenbiß: Ein/e Spieler/in ist Jäger/in. Die anderen Spieler/innen bilden eine Schlange und bewegen sich im Gelände. Der Jäger versucht, nun die Schlange zu fangen, indem er den letzten Spieler (Schlangenschwanz) mit drei Schlägen zu treffen versucht. Dabei muß er jedoch auf den ersten Spieler (Schlangenkopf) aufpassen, denn wenn dieser ihn dreimal berührt, ist er durch den Schlangenbiß gelähmt.

2 Durch die Beine: Fünf bis sechs Teilnehmer/innen schließen sich zu Gruppen zusammen und stellen sich hintereinander. Der erste Spieler ergreift durch seine Beine die rechte Hand der hinteren Spielerin usw. In dieser Haltung muß jede Gruppe eine vorgegebene Strecke zurücklegen.

3 Auf Dreien: Alle Teilnehmer/innen stellen sich in einer Linie auf. Auf ein Zeichen müssen sie auf zwei Händen und einem Fuß (der zweite wird in die Höhe gehalten) eine vorgegebene Strecke zurücklegen.

4 Scherenlauf: Alle Spieler/innen stellen sich hinter einer Linie auf. Auf ein Zeichen müssen alle ein zirka 20 m entferntes Ziel erreichen, indem sie immer ein Bein hinter dem anderen herum nach vorne stellen. *Variante:* Stafette. Immer wenn ein/e Spieler/in am Ziel ist, startet der/die nächste.

5 Froschkönig: Dazu ist eine ungerade Zahl von Mitspielern notwendig. Die Spieler/innen werden in Paare aufgeteilt; die einen bilden im Schneidersitz den Innenkreis, die anderen dahinter kniend den Außenkreis. Der/die übriggebliebene Spieler/in ist der verzauberte Froschkönig und setzt sich in die Mitte. Der Froschkönig kann nur befreit werden, wenn ein Mitspieler des Innenkreises ihn berühren kann.
Das Spiel beginnt, wenn der Froschkönig einem der Mitspieler im Innenkreis zuquakt. Der Angequakte muß so schnell wie möglich den Froschkönig befreien, doch sein Partner darf ihn daran hindern und ihn festhalten. Wird der Angequakte vom Partner festgehalten, muß der Froschkönig einen anderen Spieler anquaken. Der Froschkönig muß so lange quaken, bis er befreit werden kann. Gelingt es einem Spieler, zu entkommen und den Froschkönig zu befreien, dann darf er den Froschkönig spielen.

6 Virus: Zuerst wird ein Spielfeld abgesteckt. Eine/r ist der Virus und alle anderen sind die weißen Blutkörperchen. Mit einem Ball in der Hand macht das gefährliche Virus Jagd auf die weißen Blutkörperchen. Wenn er eines mit dem Ball berührt (Ball darf nicht geworfen werden), erstarrt es an Ort und Stelle. Sobald aber zwei freie weiße Blutkörperchen ein krankes in ihre Mitte nehmen, mit den Armen einen geschlossenen Kreis um den Erstarrten bilden und »Kampf dem Virus« rufen, erwecken sie das kranke weiße Blutkörperchen wieder zum Leben, und es kann mit größerer Kraft gegen das Virus antreten. Denn gemeinsam sind die weißen Blutkörperchen stärker als das Virus. Wenn sich zwei von ihnen an den Händen fassen, dann sind sie immun gegen das Virus. Und wenn noch zwei weitere dazukommen, können sie das Virus selbst erledigen. Wenn vier weiße Blutkörperchen einen geschlossenen Kreis um das Virus bilden und »gesund, gesund!« rufen, dann hat das Virus ausgespielt. Ein neues Virus startet dann, um die weißen Blutkörperchen in Schwung zu halten.

7 Einhak-Fangis: Die Spieler/innen teilen sich in Paare auf und haken sich ein. Die freie Hand wird in die Hüfte gestemmt. Die Paare bewegen sich auf dem Spielfeld. Neben den Paaren ist ein/e Fänger/in und ein/e Läufer/in notwendig. Der Fänger muß versuchen, den Läufer mit der Hand zu berühren. Sobald sich der Läufer bei irgendeinem Paar einhängt, kann er jedoch nicht mehr abgeschlagen werden. Dabei ruft er »Los!«, und der Dritte im Bunde rennt als neuer Läufer weg. Wird der Läufer erwischt, dann spielt er den Fänger, und der erste Fänger muß als Läufer davonlaufen. Man sollte darauf achten, daß die Paare oft wechseln. Es hat keinen Sinn, wenn immer die gleichen hintereinander herrennen.

8 Rangierbahnhof: Zuerst wird ein Spielfeld abgesteckt, dann werden Züge gebildet. Jeder Zug besteht aus einer Lokomotive und drei oder vier Wagen, wobei sich die Spieler an den Hüften des Vordermannes/der Vorderfrau festhalten. Die Zahl der Züge hängt von der Zahl der Teilnehmer/innen ab. Es sollten aber mindestens drei Züge gebildet werden. Zusätzlich sind noch zwei Spieler/innen nötig. Einer ist der Rangierer, der andere der abgehängte Bremswagen. Der Bremswagen muß nun versuchen, sich an einen fahrenden Zug anzuhängen, bevor der Rangierer ihn mit einem Ball berührt hat. Die Züge wollen jedoch nicht gebremst werden und helfen so mit, daß sich der Bremswagen nirgends anhängen kann. Kann der Bremswagen nicht gestoppt werden, d.h. kann er sich an einen Zug anhängen, dann ruft er »Klick!«, und die Lokomotive muß sich lösen und als neuer Bremswagen einen neuen Zug suchen. Wird der Bremswagen aber vom Rangierer erwischt, wird der Bremswagen zum neuen Rangierer, während der alte sich ruhig an einen Zug anhängen darf, dessen Lokomotive dann wieder Bremswagen wird usw.

9 Zwillings-Fußball: Zuerst wird ein Spielfeld abgesteckt. Dann werden die Spieler/innen in zwei Gruppen aufgeteilt. In den Gruppen bilden sich Paare, die Rücken an Rücken stehen und sich mit den Ellbogen einhaken. So sind sie für den Verlauf des Spiels miteinander »verwachsen«. Die Gruppen stellen sich je in einer Spielfeldhälfte auf, und das Fußballspiel kann beginnen.

Wenn sich Paare voneinander trennen, gibt es einen Freistoß für die Gegner. Auch der »Torwart« besteht aus einem Zwillingspaar.

10 Jägerball: Die Spieler/innen bilden einen Kreis. Sechs bis sieben Teilnehmer bzw. Teilnehmerinnen begeben sich ins Innere des Kreises und sind die Hasen, die von den Jägern im Kreis mit einem Ball abgeschossen werden. Die Jäger spielen sich den Ball quer und hin und her zu, um die Hasen auch hin und her zu jagen. Die Jäger dürfen nur schießen, wenn sie den Ball fassen konnten. Jeder Hase, der getroffen wird, wird zum Jäger. Wer als letzter Hase übrig bleibt, ist der schnellste Hase.

Das verflixte Alphabet 2

Suchspiel

1 Art und Ort

Suchspiel im Freien für Sommerabende. Zu jedem Buchstaben des Alphabets muß etwas gesucht oder gemacht werden.

2 Vorbereitungen

Für jede Gruppe müssen die Aufgaben kopiert werden.

3 Spielregel

Drei bis fünf Teilnehmer/innen schließen sich zu einer Gruppe zusammen. Jeder Gruppe wird ein bestimmter Platz zugewiesen und ein Aufgabenblatt überreicht. Innerhalb von etwa 45 Minuten muß nun jede Gruppe alles suchen oder vorbereiten. Nach Ablauf der vorgegebenen Zeit stellt jede Gruppe den anderen Gruppen ihr jeweiliges »Alphabet« vor. Wer am meisten richtige »Buchstaben« hat, ist Sieger.

4 Material

Aufgabenblätter und eventuell kleinen Preis für die Siegergruppe vorbereiten.

5 Erfahrungen

Dieses Spiel regt die Phantasie an, ohne den Kopf allzusehr zu belasten. Innerhalb der Gruppe müssen die Aufgaben je nach Können und Veranlagungen verteilt werden.

6 Das Alphabet

A Bringt eine Blume mit dem Anfangsbuchstaben A.
B Gebt sechs verschiedenen Bäumen in der näheren Umgebung den richtigen Namen.
C Bringt einen Gegenstand mit dem Anfangsbuchstaben C.
D Dichtet einen Vers, in dem Dackel und Dach vorkommen.
E Bringt eine Pflanze mit dem Anfangsbuchstaben E.
F Macht ein kleines Feuer.
G Nennt einen biblischen Ort, der mit G beginnt.
H Bringt etwas zum Essen, das mit H beginnt.
I Macht etwas, das man immer tun könnte.
J Spielt eine Runde, die mit J beginnt.
K Wo findet man das nächstgelegene Kreuz?
L Bringt ein Licht, das leuchtet.
M Bringt eine richtige Mutter (keine Schraubenmutter) mit.
N Bringt eine »Neue« oder einen »Neuen« (euren Alters) in die Gruppe.
O Reißt aus einer Zeitung das olympische Signet aus.
P Bringt irgendeinen Gegenstand aus einer Küche mit dem Anfangsbuchstaben P, aber keine Pfanne.
Q Stellt den Buchstaben Q mit Menschen dar.
R Bringt etwas ganz Rotes.
S Bringt ein Säcklein Sägemehl.
T Bringt zwei alte und zwei neue Testamente.
U Bringt ein Kleidungsstück mit dem Anfangsbuchstaben U.
V Bringt einen ganz sicher vergänglichen Gegenstand.
W Sagt einander ganz offen die Wahrheit.
X Wie viele Mitglieder zählt unsere Pfarrgemeinde?
Y Wann fährt der nächste Zug ab, mit dem man am schnellsten nach Yverdon kommt?
Z Bringt einen Gegenstand, der ganz sicher Zukunft hat.

Steinzeit-Olympiade 3

Spiele mit Steinen

1 Art und Ort

Fröhliche Staffel-Wettkämpfe im Freien mit Steinen. Geschicklichkeitstests für Kopf, Hände und Füße.

2 Vorbereitungen

In einem Bachbett oder in einer Kiesgrube die nötigen Steine suchen.

3 Spielregel

Fünf Teilnehmer/innen schließen sich zu einer Gruppe zusammen. Jede Gruppe bekommt eine Startkarte. An verschiedenen Posten müssen verschiedene Stein-Disziplinen erfüllt werden. Die Entfernung von Posten zu Posten sollte zirka 20 Meter betragen. Bei jedem Posten ist ein Zeitnehmer, um die Laufzeit der gesamten Gruppe zu stoppen und auf der Startkarte einzutragen. Pro Fehler (z. B. Stein fällt auf den Boden) werden 10 Sekunden zugeschlagen. Damit am Schluß nicht nur eine *Star*gruppe beklatscht werden muß, wird nicht nur die Gruppe mit der Bestzeit bekanntgegeben, sondern auch die einzelnen Disziplinen-Sieger genannt. Stein-Disziplinen: Stein-Stelzen, Stein-Slalom, Stein-Klemmen, Stein-Fußball, Stein-Handball, Stein-Kopfball, Stein-Tragen, Stein-Rollen.
Alle Stein-Disziplinen sind Stafetten-Spiele. Die Strecke zwischen Startlinie und Wendepunkt beträgt zirka 5 Meter. Die Aufgaben müssen auf dem Hin- und Rückweg erfüllt werden. Sobald ein/e Spieler/in wieder am Start ist, darf der/die nächste starten.

4 Material

Steine, Startkarten, Uhren für Zeitnehmer/innen, Bleistifte.

5 Erfahrungen

Die Teilnehmer/innen können so erfahren, daß auch Spielzeuge, die nichts kosten, eine fröhliche Abwechslung bieten.

Stein-Stelzen: Steine: Drei runde, mit zirka 15 bis 20 cm Durchmesser. Die ganze Strecke darf nur auf diesen Steinen zurückgelegt werden. Sobald ein Schuh den Boden berührt, zählt es als Fehler, d.h. man steht immer auf zwei Steinen, nimmt den dritten Stein hinter sich und legt ihn vor die beiden anderen, setzt dann den hinteren Fuß darauf usw.

Stein-Slalom: Steine: Sechs ganz gewöhnliche, mit zirka 10 cm Durchmesser. Die sechs Steine werden in einer Linie gleichmäßig auf der Strecke verteilt und bilden »Slalom-Stangen«. Jede/r Spieler/in muß nun die Strecke hin und zurück im Slalomlauf zurücklegen und jeden Stein abwechslungsweise mit der rechten und linken Hand berühren.

Stein-Klemmen: Stein: Ein flacher, mit zirka 10 cm Durchmesser. Der Stein wird zwischen die Knie geklemmt und muß auf der ganzen Strecke dort bleiben. Er darf nicht mit den Händen festgehalten werden und darf auch nicht auf den Boden fallen.

Stein-Fußball: Steine: Zwei kleine, flache, mit zirka 5 cm Durchmesser. Die Steine werden auf die Schuhspitzen gelegt (je einer) und müssen auf der ganzen Strecke dort bleiben.

Stein-Handball: Steine: Vier kleine, flache, mit zirka 5 cm Durchmesser. Diese vier Steine werden in der linken/rechten Hand aufgeschichtet und müssen als »Steinmännchen« über die ganze Strecke balanciert werden. Mit der anderen Hand festhalten zählt als Fehler.

Stein-Kopfball: Stein: Ein flacher, mit zirka 15 cm Durchmesser. Dieser Stein muß auf der ganzen Strecke auf dem Kopf balanciert werden.

Stein-Tragen: Stein: Ein kleiner, runder, in der Form eines Ping-Pong-Bällchens. Jede/r Spieler/in hält in jeder Hand einen Bleistift und hebt nun diesen Stein vom Boden auf, ohne ihn mit irgendeinem Finger zu berühren und trägt ihn so über die ganze Strecke. Fällt der Stein auf den Boden, darf er nicht berührt werden, sondern muß wieder mit den Bleistiften aufgelesen und getragen werden.

Stein-Rollen: Stein: Ein großer, etwa 10 kg schwer. Dieser schwere Stein muß über die ganze Strecke gerollt werden, d.h. eine Hand muß den Stein immer berühren.

Startkarte

Name der Gruppe: ______________________________

Disziplinen	Zeit inkl. Fehler	Rang
– Stein-Stelzen		
– Stein-Slalom		
– Stein-Klemmen		
– Stein-Fußball		
– Stein-Kopfball		
– Stein-Handball		
– Stein-Tragen		
– Stein-Rollen		
Gesamtzeit und Rang		

Da bleibt nichts trocken 4

Spiele im Schwimmbad

1 Art und Ort

Spiele im Strand- oder Hallenbad – Spiele im und mit Wasser.

2 Vorbereitungen

Joghurtbecher sammeln.

3 Spielregel

Ohne große Vorbereitung bringt ein Besuch des Strand- oder Hallenbads mit der Gruppe eine tolle Abwechslung. Damit alle die Badekleidung mitnehmen, muß man den Besuch des Bades frühzeitig ankündigen. *Wichtig:* Während des Badens den Gruppenmitgliedern möglichst viel Freiheit lassen, da Wasser ein Element ist, das ganz automatisch zum Spielen anregt. Dazwischen können aber auch ein paar Spiele für alle geplant werden, z. B.:

- ***Wettschwimmen*** (in allen Variationen)

- ***Wettauchen*** (Gegenstände aus dem Wasser holen)

- ***Stafette*** (Wolkenbruch): Die Spieler setzen sich hintereinander auf den Boden und geben eine wassergefüllte Schüssel (Plastik) über die Köpfe von vorne nach hinten weiter und wieder zurück. Gewonnen hat, wer am schnellsten mit der Schüssel zurück ist und kein Wasser verschüttet hat (d.h. möglichst wenig Wasser verschüttet hat).

- ***Stafette*** (Service an Land): Die Teilnehmer/innen bilden zwei Parteien. Je eine Hälfte jeder Partei stellt sich auf beiden Seiten des Schwimmbeckens auf. Der erste Spieler trägt ein Holzbrett, auf dem sechs wassergefüllte Joghurtbecher stehen, auf die andere Seite des Schwimmbeckens und übergibt sie dort dem vordersten Spieler, dieser trägt das Brett so schnell wie möglich wieder zurück usw. Gewonnen hat, wer am Schluß noch am meisten wassergefüllte Becher auf dem Brett hat und am schnellsten gelaufen ist.

- ***Stafette*** (Service im Wasser): Die Teilnehmer/innen bilden zwei Parteien, je eine Hälfte jeder Partei stellt sich auf beiden Seiten des Beckens auf.

Ein wassergefüllter Joghurtbecher muß auf dem Rücken schwimmend so schnell wie möglich und ohne ins Wasser zu tauchen hin und her gebracht werden.

- ***Fangis im Wasser:*** Wer untertaucht, darf nicht gefangen werden, d.h. nur wer den Kopf über Wasser trägt, darf abgeschlagen werden.

- ***Wasserball:*** In allen Variationen.

4 Material

Joghurtbecher,
2 Plastikschüsseln,
1 Plastikball
2 Holzbretter, ca. 50 cm lang und 10 cm breit.

5 Erfahrungen

Der/die Spielleiter/in darf bei aller Fröhlichkeit bei großen Gruppen die Übersicht über die Teilnehmer/innen im Wasser nicht verlieren. Von daher ist es gut, wenn man nicht allein mit der Gruppe ins Strand- oder Hallenbad geht, sondern die nötigen Mitleiter/innen zur Aufsicht engagiert.

2
Spiele im Haus

Nostalgie nach Noten 5

Tanzspiele

1 Art und Ort

Nostalgische Tanzparty mit Tanzspielen von gestern.

2 Vorbereitungen

Musik und Material besorgen.

3 Spielregel

In heutigen Discos kann jeder und jede für sich tanzen und völlig für sich allein in der überlauten Musik versinken. Warum soll man nicht wieder einmal die Musik (Musik von heute) ein bißchen leiser einstellen und paarweise tanzen, wobei die Paare sich immer wieder neu spielerisch zusammenfinden?

Wer-gehört-zu-wem-Spiele:
1. Herztour, 2. Umgarnung, 3. Im Zoo, 4. Sport-Meeting, 5. Linker Schuh aus, 6. Frage und Antwort.

Tanzspiele:
1. Eiserne Nerven, 2. Löffeltanz, 3. Fadentanz, 4. Kartoffelwalzer, 5. Flaschentanz, 6. Der wandernde Hut, 7. Tanz auf drei Beinen, 8. Der leere Stuhl, 9. Duck-Dich-Tanz, 10. Zeitungstanz.

4 Material

Papierstreifen, Malerklebeband, Nähnadeln, Nähfaden, Papierherzchen, zwei verschiedene Farben Garn, Zettel mit Tiernamen, Zettel mit Fragen und Antworten, Löffel, Kartoffeln, 8 leere Flaschen, ein alter Hut, dicke Schnur, alte Zeitungen.

5 Erfahrungen

Wer den Mut hat, etwas Nostalgisches durchzuführen, erlebt auch mit den »neuzeitlichsten« Jugendlichen einen fröhlichen Abend.

Wer-gehört-zu-wem-Spiele

1 Herztour: Aus festem Papier werden verschieden große Herzen ausgeschnitten und dann in zwei Teile geteilt, wobei jeweils der Trennungsschnitt anders gelegt wird. Diese »halben Herzen« werden unter die Paare verteilt, und zwar so, daß die ergänzenden Teile immer die »Herren« bekommen. Wenn sich alle Herzen gefunden haben, beginnt der Tanz.

2 Umgarnung: Zwei verschiedenfarbige Garnstücke (ca. 2 m) werden miteinander verknotet (z. B. rotes und gelbes Garn). Der/die Spielleiter/in nimmt die verknoteten Garnstücke in die Hand, so daß die Knoten von der Hand verdeckt sind. Die »Damen« ergreifen die roten Enden und die »Herren« die gelben. Wer miteinander verbunden ist, tanzt den nächsten Tanz miteinander.

3 Im Zoo: Immer zwei Zettel werden mit dem gleichen Tier beschriftet. Die eine Hälfte bekommen die »Damen«, die andere die »Herren«. Auf »Los!« beginnen alle die Stimme des Tieres ihres Zettels nachzuahmen. Wenn alle Stimmen sich gefunden haben, beginnt der Tanz.

4 Sport-Meeting: Immer zwei Zettel werden mit der gleichen Sportart beschriftet. Die eine Hälfte der Zettel bekommen die »Damen«, die andere die »Herren«. Die »Herren« führen den »Damen« nun einer nach dem andern die betreffende Sportart ohne zu sprechen vor. Wenn eine »Dame« »ihren Sportler« erkannt hat, bildet sie mit ihm zusammen das Paar für den nächsten Tanz.

4 Linker Schuh aus: Alle »Damen« ziehen ihren linken Schuh aus, legen ihn in die Mitte des Raumes und verlassen den Raum. Die »Herren« holen sich nun je einen Damenschuh und suchen die passende »Dame« zum Schuh. Oder die »Herren« ziehen ihren linken Schuh aus (oder die Armbanduhr).

6 Frage und Antwort: Auf einen Zettel wird eine schwierige Frage geschrieben, auf einen anderen die Antwort. Die »Damen« bekommen die Zettel mit den Fragen, und eine nach der anderen stellt nun ihre Frage. Die »Herren« versuchen im richtigen Augenblick die richtige Antwort von ihrem Zettel abzulesen. Wer einer »falschen Dame« eine Antwort gibt, muß ein Pfand geben.

Tanzspiele

1 Eiserne Nerven: Die Paare tanzen, dann setzt die Musik plötzlich aus, und sämtliche Teilnehmer/innen müssen regungslos stehen bleiben. Wer sich bewegt oder lacht, scheidet aus. Der/die Spielleiter/in kann von Paar zu Paar gehen, ihnen etwas ins Ohr flüstern oder etwas Lustiges erzählen. Wer lacht oder sich bewegt, scheidet aus. Dann setzt die Musik wieder ein, um plötzlich wieder zu stoppen. Und wieder gilt: Wer sich bewegt, lacht oder spricht, scheidet aus. Das Paar, das übrigbleibt, ist das Paar mit den »eisernen Nerven«.

2 Löffeltanz: Alle Paare bekommen einen Suppenlöffel. Beide Tanzpartner ergreifen den Löffel (der Herr mit der rechten und die Dame mit der linken Hand). Im Löffel liegt eine Kartoffel. Während des Tanzens wird der Löffel mit der Kartoffel von beiden mit ausgestreckten Armen getragen. Wem die Kartoffel aus dem Löffel fällt, scheidet aus.

3 Fadentanz: Auf der einen Seite bilden die Damen, auf der andern Seite die Herren eine Reihe. Der/die Spielleiter/in gibt jeder Dame ein größeres Stück Papier, in das eine Nähnadel so gesteckt wird, daß die Öse weit herausschaut. Die Damen müssen das Papier nun zwischen die Lippen stecken. Die Herren auf der andern Seite bekommen jeweils einen Faden. Zur Musik tanzend müssen sie nun auf ihre Dame zugehen und versuchen, mit einer Hand (die andere wird auf den Rücken gelegt) den Faden ins Nadelöhr einzufädeln.

4 Kartoffelwalzer: Jedes Paar bekommt eine sauber gewaschene Kartoffel. Diese wird zwischen die Stirnen gelegt und so der nächste Tanz getanzt. Wer die Kartoffel verliert, scheidet aus. Bei diesem Spiel ist es erlaubt, sich gegenseitig zu behindern, was aber nicht ganz leicht ist, da alle genug damit zu tun haben, die eigene Kartoffel nicht zu verlieren.

5 Flaschentanz: Acht leere Flaschen werden als Gasse mit einer Breite von zirka 60 cm (Flaschenabstand – je vier auf einer Seite – etwa ein Meter) aufgestellt, so daß man zunächst ganz bequem hindurchtanzen kann. Alle Paare müssen nun durch diese Gasse tanzen. Wer dabei eine Flasche umwirft, scheidet aus. Wenn alle Paare einmal durch die Flaschen hindurchgetanzt sind, werden die Flaschen enger zusammengerückt, und erneut muß nun durch die schmalere Gasse getanzt werden. Wiederum scheidet aus, wer eine Flasche umgeworfen hat usw.

6 Der wandernde Hut: Während die Paare tanzen, setzt der/die Spielleiter/in einer Dame einen alten Hut auf. Diese muß versuchen, den Hut so schnell wie möglich einer anderen Dame oder einem Herrn aufzusetzen. Während der Hut ständig seinen Besitzer wechselt, bricht plötzlich die Musik ab, und das Paar, bei dem sich der Hut in diesem Augenblick befindet, muß ausscheiden. Es ist zu beachten, daß der Hut immer weitergereicht wird, aber nicht an das Paar, von dem man ihn bekommen hat.

7 Tanz auf drei Beinen: Der/die Spielleiter/in bindet jeweils das linke Bein eines Herrn mit dem rechten seiner Partnerin mit einem Papierstreifen zusammen. Auf drei Beinen wird nun der nächste Tanz gestartet. Wem das Papierband zerreißt, scheidet aus. Das Paar, das übrigbleibt, ist das sorgfältigste Paar.

8 Der leere Stuhl: In der Mitte der Tanzfläche werden die Stühle paarweise mit dem Rücken aneinander gestellt. Die Anzahl der in dieser Weise angeordneten Stühle ist jeweils um einen geringer, als Personen am Spiel beteiligt sind. Alle bewegen sich nun in bunter Reihe im Kreis um die Stühle – die Hände ruhen auf den Schultern des Vordermannes oder der Vorderfrau. Plötzlich bricht die Musik ab, und alle müssen sich einen Platz suchen. Wer keinen Stuhl erwischt, scheidet aus. Dann wird ein Stuhl weggenommen, und der Tanz beginnt von neuem.

9 Duck-Dich-Tanz: Alle Paare tanzen. Zwei Spielleiter/innen spannen nun eine dicke Schnur oder ein farbiges Band von einer Wand zur andern, indem sie das Band festhalten. Mit dem gespannten Band gehen sie nun durch den Raum. Zuerst so, daß sich die Paare nur wenig bücken müssen. Wer die Schnur berührt, scheidet aus. Wenn die Schnur auf der gegenüberliegenden Seite angekommen ist, kehrt sie zurück, aber diesmal etwas tiefer. Dann kommt sie wieder zurück, aber diesmal ganz knapp über dem Boden, so daß die Paare drüberspringen müssen. Wer die Schnur berührt, scheidet aus.

10 Zeitungstanz: Jedes Paar erhält ein Zeitungsblatt. Alle tanzen; nach ein paar Takten bricht jedoch die Musik ab, und jedes Paar muß nun sein Zeitungsblatt zusammenfalten und sich daraufstellen. Das ist noch einfach, doch nun wiederholt sich das ganze wieder. Man tanzt, dann bricht die Musik wieder ab, und die Zeitung muß noch einmal gefaltet werden usw. Wer umkippt oder auf den Boden tritt, scheidet aus.

Gedankenstrich

6

Schreib- und Zeichenspiele

1 Art und Ort

Schreib- und Zeichenspiele für Regentage.

2 Vorbereitungen

Papier und Schreibzeug besorgen. Wörter zusammenstellen für die »Montagsmaler« und »20-Worte-Geschichte«.

3 Spielregel

1. Montagsmaler
2. 20-Worte-Geschichte
3. Speisezettel für die ganze Woche
4. Magie
5. Namen, Namen, Namen.

8 bis 10 Teilnehmer/innen schließen sich zu einer Gruppe zusammen. Für jede richtige Antwort erhält man einen Punkt.

4 Material

Notizpapier
Schreibzeug
20 Worte für jede Gruppe
»Namen-Blatt« für jede Gruppe.

5 Erfahrungen

Die vorgegebenen Wörter für die »Montagsmaler« sollten der Gruppe gut angepaßt werden, damit sich niemand überfordert fühlt.

Beschreibung

1 Montagsmaler:
Ein/e Spieler/in aus einer der Gruppen kommt zum/zur Spielleiter/in und bekommt ein Wort ins Ohr geflüstert. Mit Zeichnungen muß nun dieses Wort so lange dargestellt werden, bis es erraten wird. Wer das Wort errät, sammelt einen Punkt für seine Gruppe. Dann kommt ein Spieler aus der anderen Gruppe und zeichnet das Wort, das ihm zugeflüstert worden ist. Es dürfen dabei keine Buchstaben gezeichnet werden.
Leichte Beispiele: Skihase = Ski und Hasen zeichnen. Sonnenschirm = Sonne und Schirm zeichnen.
Schwierige Beispiele: Freund, fleißig, böse, heute nichts, Macht, Großmutter, Gottesdienst, lügen, geizig, glauben.
Wichtig: Einen großen Bogen Papier oder eine Wandtafel benützen.

2 20-Worte-Geschichte:
Der/die Spielleiter/in sucht in der Tageszeitung zwanzig Hauptwörter. Die Gruppen müssen mit diesen Hauptwörtern eine neue Geschichte erfinden. Es dürfen keine zusätzlichen Hauptwörter benützt werden, nur »Hilfswörter«, um die Hauptwörter sinnvoll miteinander zu verbinden.

3 Speisezettel für die ganze Woche:
Die Gruppen spielen gegeneinander. Ein Spieler einer Gruppe fragt einen Spieler der anderen Gruppe: »Was gibt es am Montag zu essen?« Dieser muß nun drei Dinge aufzählen, die mit »M« beginnen, z. B. Milchbrei, Margarine, Mandarinen. Dann fragt der Gefragte einen Spieler der anderen Gruppe: »Was gibt es am Dienstag zu essen?« Z. B.: Datteln, Dampfnudeln, Dosenkäse. Wer jeweils drei Dinge nennen kann, sammelt einen Punkt für seine Gruppe. Die Wochentage dürfen wiederholt werden, nicht aber die Speisen und Getränke.

4 Magie:
Jede Gruppe erfindet ein magisches Wörter-Quadrat für die anderen Gruppen. Ein magisches Wörter-Quadrat besteht aus vier Zeilen und Spalten. Entsprechende Zeilen und Spalten müssen dieselben Wörter ergeben. Das erste Wort wird jeweils vorgegeben.

Beispiel

	1	2	3	4
1	S	I	E	G
2	I	N	R	I
3	E	R	B	E
4	G	I	E	R

1. Glück im Kampf
2. Inschrift am Kreuz auf Golgota
3. Übernimmt nach dem Tod den Reichtum
4. Krankhafter Wunsch und Trieb

Für jedes gefundene und gelöste Quadrat bekommt die Gruppe zwei Punkte.

Variante: Der/die Spielleiter/in stellt ein paar magische Quadrate zusammen.

5 Namen, Namen, Namen: Der/die Spielleiter/in sagt einen Buchstaben, und die Gruppen füllen die entsprechende Zeile aus, wobei die Länder, Ortschaften, Berge, Flüsse und berühmten Menschen immer mit dem vorgegebenen Buchstaben anfangen müssen. Wer die Zeile zuerst komplett hat, bekommt einen Punkt (siehe Beiblatt).

		Länder	Ortschaften	Berge	Flüsse	Berühmte Menschen
A	B					
D	E					
F	G					
H	IJ					
K	L					
M	N					
O	P					
R	S					
T	U					
V	Z					

Tour de Suisse

7

Zehn Stafetten

1 Art und Ort

Zehn Stafetten auf Zeit im Haus – zehn Etappen-Staffellauf.

2 Vorbereitungen

Stoppuhr und Spielmaterial besorgen.

3 Spielregel

1. Zirka zehn Teilnehmer/innen bilden je eine Staffel.
2. Ab »Los!« wird jeweils bei jeder Stafette die Zeit für jede Gruppe gestoppt, aufgeschrieben und addiert, so daß nach jeder Stafette die Gruppe mit der besten Einzelzeit und der besten Gesamtzeit bekannt ist.
3. Spielregeln siehe Spielkarten *Tour de Suisse*
4. *Stafetten* (kann als Zeit-Karte benützt werden)

Siehe gegenüberliegende Seite

4 Material

Tennisbälle
Bleistifte
Geldstücke
Trinkhalme
Notizzettel
Teller
Tischtennisbälle
Streichholzschachteln
alte Bücher
alte Zeitungen

5 Erfahrungen

Dadurch, daß die Zeit gemessen wird und nicht nur die einzelnen Siege punktiert werden, hat jede Staffel immer wieder Aufholmöglichkeiten, und die »Tour de Suisse« bleibt spannend.

A = Zeit für die einzelne Stafette
B = jeweilige Gesamtzeit

		1. Gruppe	2. Gruppe	3. Gruppe	4. Gruppe	5. Gruppe
1. Fuß-Ball	A					
	B					
2. Bleistift-transport	A					
	B					
3. Batzenklemmer	A					
	B					
4. Lahmer Hund	A					
	B					
5. Atem anhalten	A					
	B					
6. Puzzle saugen	A					
	B					
7. Blaseball	A					
	B					
8. Nasenkette	A					
	B					
9. Mannequin-schule	A					
	B					
10. Flugmeeting	A					
	B					

Beschreibung

1 Fuß-Ball: Die Gruppen sitzen in Stuhlreihen nebeneinander. Der/die Spielleiter/in gibt dem ersten Spieler einen Tennisball. Auf »Los!« muß dieser von Fußpaar zu Fußpaar weitergegeben werden bis zum letzten Spieler. Fällt der Ball auf den Boden, muß von neuem begonnen werden. Material: Tennisbälle.

2 Bleistifttransport: Die Gruppen sitzen in Reihen nebeneinander. Der erste Spieler je Gruppe bekommt einen Bleistift in jede Hand. Der/die Spielleiter/in legt quer über diese beiden einen dritten Bleistift. Auf »Los!« muß diese gewagte Konstruktion dem nächsten Spieler hingehalten werden. Er muß die Bleistifte an den Enden anfassen, übernehmen und so an den nächsten Spieler weitergeben, ohne daß der quergelegte Stift herunterfällt. Fällt der quergelegte Stift auf den Boden, muß von neuem begonnen werden. Material: Pro Gruppe 3 Bleistifte.

3 Batzenklemmer: Die Staffelmitglieder rücken so weit auseinander, daß sie sich noch mit den Fingerspitzen berühren können. Ihre Füße dürfen sie nicht mehr vom Fleck rühren. Dann soll eine Münze die Reihe hinauf und hinunter weitergegeben werden. Wenn die Münze fällt, muß sie wieder am Anfang der Staffel starten. Material: Pro Gruppe eine Münze.

4 Lahmer Hund: Die Staffeln stehen hinter einer Startlinie. Auf der andern Seite des Raumes ist der Wendepunkt. Die Spieler gehen »dreibeinig« auf die Strecke, d.h. sie gehen auf zwei Händen und einem Fuß vorwärts. Der zweite Läufer darf erst starten, wenn der erste hinter der Startlinie ist usw.

5 Atem anhalten: Die Spieler sitzen nebeneinander in der Reihe. Jeder Spieler ist mit einem Trinkhalm ausgerüstet. Es geht darum, ein kleines, dünnes Papierblättchen mit dem Trinkhalm anzusaugen und auf diese Weise durch die ganze Spielerkette weiterzugeben. Fällt das Papierblättchen auf den Boden, muß es an den Start zurück. Material: Trinkhalme, Papierblättchen.

6 Puzzle saugen: Die Staffeln stehen hinter einer Startlinie. Auf der andern Seite des Raumes steht für jede Gruppe ein Teller, in dem ein Notizpapier liegt, das in zehn kleine, leichte Schnitzel zerrissen worden ist. Der erste Spieler läuft los, saugt mit Hilfe des Trinkhalms das erste Stück Papier an und läuft zum Start zurück, dann startet der nächste. Auf dem Notizpapier steht eine Aufgabe (z. B.: Die ganze Gruppe ruft: »Hallo Kleiner!«). Wer zuerst alle Papierschnitzel zusammengesetzt und die Aufgabe erfüllt hat, hat die Etappe gewonnen. Material: Notizpapier mit Aufgabe, Teller, Trinkhalme.

7 Blaseball: Die Staffeln stehen hinter der Startlinie. Auf der anderen Seite des Raumes ist der Wendepunkt. Jeder Spieler bekommt einen Trinkhalm. Auf »Los!« muß der erste Spieler einen Tischtennisball auf dem Boden von der Startlinie bis zum Wendepunkt und wieder zurück blasen. Wenn der Ball ganz in der Nähe der Staffel über die Startlinie rollt, darf der nächste Spieler starten. Material: Tischtennisbälle, Trinkhalme.

8 Nasenkette: Die Spieler stehen nebeneinander in zwei Reihen. Der/die Spielleiter/in gibt jedem ersten Spieler die Hülse einer Streichholzschachtel. Diese stecken sich die Hülse auf die Nase, und auf »Los!« müssen die nächsten Spieler die Hülse ohne Hilfe der Hände abnehmen und wieder weitergeben. Fällt die Hülse auf den Boden, muß sie an den Start zurück. Material: Streichholzschachteln.

9 Mannequinschule: Die Staffeln stehen hinter einer Startlinie. Um die aufrechte Haltung zu üben, müssen die Mannequins mit Büchern auf dem Kopf durchs Zimmer spazieren. Der Reihe nach muß deshalb jeder Spieler die gleiche Strecke mit einem Buch auf dem Kopf zurücklegen. Wenn der erste hinter die Startlinie zurückkehrt, startet der nächste. Fällt das Buch auf den Boden, muß der Spieler noch einmal starten. Material: Alte Bücher, die auf den Boden fallen dürfen.

10 Flugmeeting: Die Staffeln stehen hinter der Startlinie. Jeder Spieler bekommt ein Stück Zeitungspapier. Der erste Spieler beginnt auf »Los!« ein Papierflugzeug zu falten und startet es. Dieses Flugzeug sollte mindestens die Hälfte des Raumes fliegend überqueren können. Wenn das Flugzeug gelandet ist, beginnt der nächste Spieler ein neues Flugzeug zu falten. Wenn alle Flugzeuge jenseits der Zimmermitte gelandet sind, hat die Staffel ihr Ziel erreicht. Material: Alte Zeitungen.

Wort um Wort

8

Schreibspiele

1 Art und Ort

Schreibspiele an der Wandtafel oder mit Bleistift und Papier.

2 Vorbereitungen

Kurze Texte vorbereiten.

3 Spielregel

Die Spieler/innen teilen sich in zwei bis drei Gruppen auf. Jeder Gruppe wird eine Wandtafelhälfte zugewiesen. Wenn keine Wandtafel vorhanden ist, können die Spiele auch mit Papier und Bleistift durchgeführt werden (z. B. in Lagerhäusern). Spielbeschreibungen siehe Spielkarten »Wort um Wort«.

Spiele

1. Seltsame Wörter
2. Gefüllte Kalbsbrust
3. Magisches Quadrat
4. Namen-Stafette
5. Gegenstände mit X
6. Diktat ohne Sicht
7. Diktat minus
8. Satz-Wettlauf
9. Sprichwörter ohne Klang
10. Noch mehr Sprichwörter
11. Abkürzungen
12. Nur ein Wort.

4 Material

Papier und Bleistifte.

5 Erfahrungen

Rechtschreibfehler nicht beachten, damit das Spielerische nicht verlorengeht und Jugendliche, die im Schreiben nicht so stark sind, Mut zum Phantasieren bekommen. Mit Bleistift und Papier eignen sich diese Spiele auch, wenn man mit der Gruppe irgendwo warten muß.

Spielkarten »Wort um Wort«

1 Seltsame Wörter

Mit nur zwei Buchstaben: As, Ei, Po, es...
Mit drei Buchstaben: Eis, Axt, Ost...
Mit drei Buchstaben, davon zwei gleichen: See, tot...
Mit drei oder vier Buchstaben, davon dem ersten und letzten gleich: Uhu, Ente...
Mit vier Buchstaben, die beiden mittleren gleich: Anna, Boot, Moos, Otto...
Mit drei bis fünf Buchstaben; Worte, die vorwärts und rückwärts einen Sinn ergeben: Regen – Neger; Esel – lese; Nebel – Leben.

2 Gefüllte Kalbsbrust:

Zwischen die beiden Buchstaben müssen neue Wörter »gefüllt« werden:

R	L	N	L	F	T
A	E	E	E	R	F
E	S	B	B	E	A
T	T	E	E	U	H
S	E	L	N	N	C
E	A			D	S
L	R			S	D
				C	N
				H	U
				A	E
				F	R
				T	F

3 Magisches Quadrat

(Lösung: 5 in der Mitte)

Die Zahlen von 1 bis 9 müssen so in die Felder verteilt werden, daß die Quer-, Hoch- und Diagonalsumme immer 15 ergibt.

4 Namen-Stafette: Alle schreiben ihren Namen und Vornamen rückwärts an die Tafel.

5 Gegenstände mit X: Der/die Spielleiter/in nennt einen Buchstaben, und die Spieler/innen müssen in vier Minuten alle im Raum befindlichen Gegenstände, die mit dem genannten Buchstaben anfangen, aufschreiben.

6 Diktat ohne Sicht: Der/die Spielleiter/in diktiert einen kurzen Text, den die Spieler mit verbundenen Augen schreiben müssen.

7 Diktat minus: Der/die Spielleiter/in diktiert den Spielern/Spielerinnen einen kurzen Text. Die Spieler/innen schreiben den Text auf. Dabei darf ein vorher festgelegter Buchstabe nicht benutzt werden.

8 Satz-Wettlauf: Auf ein Zeichen rennt der erste Spieler an die Tafel und schreibt ein Wort. Dieses Wort ist der Anfang eines Satzes. Wenn der Spieler wieder am Platz ist, geht der nächste und schreibt das zweite Wort usw. Alle setzen ein Wort ein, das dem Satz am Schluß einen Sinn gibt. Die Spieler dürfen nicht miteinander reden.

9 Sprichwörter ohne Klang: Die Spieler/innen schreiben Sprichwörter an die Tafel ohne die entsprechenden Vokale, und die anderen Gruppen müssen das Sprichwort entschlüsseln.

10 Noch mehr Sprichwörter: Die Spieler/innen schreiben Sprichwörter oder bekannte Sätze an die Tafel ohne Konsonanten, nur Vokale, und die anderen Gruppen müssen die Sprichwörter oder Sätze erraten.

11 Abkürzungen: Der/die Spielleiter/in oder die Mitspieler/innen nennen beliebige, gebräuchliche Abkürzungen. Die Gruppen notieren sich die Abkürzungen. In einer vorgegebenen Zeit müssen die Gruppen möglichst originelle Erklärungen für die Abkürzungen erfinden. Beispiele: BMW = Berner Mist-Wagen; EWG = Ein Wenig Genügt.

12 Nur ein Wort: Die Spieler/innen müssen Wörter suchen mit den Buchstaben: E, O, U, I, N, N, R, R, T, W.
Der/die Spielleiter/in sagt: »Schreibt mit diesen Buchstaben nur ein Wort!«
Lösung: Es geht nur »Nur ein Wort«!

Alphabetitis 9

Suchspiel

1 Art und Ort

Suchspiel im Gruppenraum für Winterabende. Zu jedem Buchstaben des Alphabets muß etwas gesucht oder gemacht werden.

2 Vorbereitungen

Für jede Gruppe die Aufgaben kopieren.

3 Spielregel

3 bis 5 Teilnehmer/innen schließen sich zu einer Gruppe zusammen. Jeder Gruppe wird ein Raum oder eine Ecke zugewiesen und ein Aufgabenblatt überreicht. Innerhalb von ca. 45 Minuten muß jede Gruppe alle Gegenstände suchen, und alles vorbereiten und aufschreiben. Nach Ablauf der vorgegebenen Zeit stellt jede Gruppe den anderen »ihr Alphabet« vor. Wer die meisten Aufgaben richtig gelöst hat, ist Sieger.

4 Material

Aufgabenblätter, Bleistifte und Papier. Eventuell kleiner Preis für die Siegergruppe.

5 Erfahrungen

Dieses Spiel regt die Phantasie an und belastet den Kopf nicht allzusehr.

Durchführung

A Schreibt einen Satz mit acht Wörtern, die alle mit A beginnen.
B Was bedeutet die Abkürzung BB? Mindestens drei Möglichkeiten.
C Nennt drei Wörter, die mit C beginnen (keine Mundart).
D Singt ein Lied, das mit D beginnt.
E Schreibt sieben Tiere mit dem Anfangsbuchstaben E auf.
F Stellt einen Beruf dar – ohne Worte – der mit F beginnt.
G Nennt einen biblischen Ort mit dem Anfangsbuchstaben G.
H Zählt vier Dinge auf, die *heute* noch erledigt werden müssen.
I Sucht einen Gegenstand mit dem Anfangsbuchstaben I.
J Sucht zwei Bibelstellen, in denen der Buchstabe J vorkommt.
K Bringt einen Gegenstand mit dem Anfangsbuchstaben K, der aber nicht größer als 2 cm ist.
L Stellt laut und leise dar, ohne einen Laut von euch zu geben.
M Macht einander Mut.
N Formt aus einem Taschentuch (Nase) ein Tierchen.
O Erzählt eine Geschichte *ohne* Worte.
P Ein Gruppenmitglied soll eine ganz kurze Predigt halten.
Q Stellt mit eurer Gruppe den Buchstaben Q dar.
R Erzählt einen Witz, in dem kein einziges R vorkommt.
S Was bedeuten die folgenden Abkürzungen: Sr. St. s S?
T Bringt zwei Testamente.
U Beschreibt das größte Unglück, das euch passieren könnte.
V Bringt einen Gegenstand mit dem Anfangsbuchstaben V, der größer ist als 1,5 Meter.
W Erzählt etwas, das ganz sicher wahr ist.
X Beschreibt während zweier Minuten die Person X, ohne daß die anderen erraten können, um welche bekannte Persönlichkeit es sich handelt.
Y Was kann man in Yverdon mit 100 Yen anfangen?
Z Zählt drei Dinge auf, die ganz sicher Zukunft haben.

Wörterschmiede 10

Wort- und Buchstabenspiele

1 Art und Ort

Wort- und Buchstabenspiele für überall, wo man die Zeit miteinander auf lustige Art füllen will.

2 Vorbereitungen

Keine

3 Spielregel

Siehe »Durchführung«. Man kann die Spiele in der Runde, in Gruppen oder Gruppe gegen Gruppe spielen. Die Spieler/innen brauchen keinerlei Material. Der/die Spielleiter/in sollte sich aber je nach Spiel die Antworten notieren.

4 Material

Notizpapier und Schreibzeug für den Spielleiter bzw. die Spielleiterin.

5 Erfahrungen

Diese Wort- und Buchstabenspiele eignen sich auch für lange Bahnfahrten, für Wartezeiten beim Umsteigen oder zwischendurch als Zeitfüller, wenn alle gerne spielen möchten.

Durchführung

1 Vokalitis: In der ersten Runde nennen die Spieler Wörter, in denen nur der Vokal »a« vorkommt, in der zweiten Runde möglichst viele Wörter, in denen nur der Vokal »e« vorkommt, dann »i«, »o«, »u« usw. Beispiele: Ananassaft, Nacht, Bad... Segelwetter, Senf, sehen...

2 Anders wird es anders: Es müssen Wörter gesucht werden, die durch das Umstellen der Buchstaben wieder ein anderes sinnvolles Wort ergeben. Beispiel: Nagel – Lagen, Lehm, Mehl, Samt – Mast...

3 Anfang und Ende: Es sollen Wörter gesucht werden, deren Anfangs- und Schlußbuchstaben vorgegeben werden. Beispiel: »a« und »r« = aber; »q« und »z« = Quiz.

4 Buchstaben-Rätsel: Der/die Spielleiter/in gibt zuerst ein Rätsel auf, dann erfinden die Spieler reihum eigene Rätsel. Beispiel: Womit fängt der Tag an und hört die Nacht auf? (mit t). – Was hat Adam vorne und Eva hinten? (a). – Was ist bei jedem Menschen groß? (M). – Was steht in der Mitte von Hamburg? (B).

5 Der längste Satz: Der/die Spielleiter/in sagt zwei Wörter (Subjekt und Prädikat). Jeder Spieler fügt diesem Satz ein Wort an, so daß immer wieder ein sinnvoller Satz entsteht. Beispiel: Das Auto fährt. – Das Auto fährt schnell. – Das Auto fährt zu schnell. – Das Auto fährt zu schnell durch...

6 Das längste Wort: Der/die Spielleiter/in sagt zwei Buchstaben. Jeder Spieler fügt diesem Buchstaben einen neuen Buchstaben an, so daß immer wieder ein sinnvolles Wort entsteht. Die gegebenen Buchstaben dürfen immer wieder umgestellt werden. Beispiel: an – ans – Nase – Rasen...

7 Gegensätze: Ein Spieler beginnt, indem er einem Mitspieler ein Taschentuch zuwirft und ein Wort sagt, z. B. *gut.* Der Mitspieler sagt das Gegenteil *böse* und wirft das Taschentuch einem anderen Spieler zu, indem er wiederum ein neues Wort sagt, z. B. schön usw. Wer das Gegenteil nicht findet, gibt ein Pfand.

8 Berühmte Paare: Die Spieler suchen berühmte Paare. Beispiel Hänsel und Gretel – Adam und Eva... Variante: Ein Spieler nennt eine Person oder eine Gruppe, der andere Spieler muß das Paar ergänzen.

9 Aus Alt mach Neu: Ein möglichst bekanntes und kurzes Wort soll durch neue Vorsilben immer wieder verändert werden. Beispiel: Vorgegebenes Wort Fahrt. Das ergibt: Zufahrt – Abfahrt – Auffahrt – Hinfahrt – Heimfahrt – Durchfahrt – Rundfahrt.

10 Von Satz zu Satz: Ein Spieler sagt irgendeinen einfachen Satz, z. B.: »Ich habe Hunger.« Der nächste Spieler muß nun einen Satz bilden, in dem jeweils das letzte Wort des vorangegangenen Satzes enthalten ist. Die Wörter dürfen umgestellt werden. Beispiel: Ich habe *Hunger.* – *Hunger* ist der beste *Koch.* – Ein *Koch* sollte saubere Kleider *tragen.* – Wir *tragen* unsere Köpfe zu *hoch.* –Wie *hoch* soll dieses Haus *werden*?

11 Das Gleiche anders: Zu einem vorgegebenen Wort sollen möglichst viele Wörter gesucht werden, die das gleiche oder ähnliches aussagen. Beispiel: essen: speisen, tafeln, fressen... – schön: herrlich, prächtig, wunderbar...

12 Silbe an Silbe: Das nächste Wort muß immer mit der letzten Silbe des vorangegangenen Wortes gebildet werden. Wer nicht mehr weiter kommt, gibt ein Pfand. Beispiel: Ofen – Fenster – sterben – Benzin – Zinne...

13 Wortschlangen: Aus zwei zusammengesetzten Hauptwörtern müssen neue Wörter gesucht werden, wobei das Schlußwort immer das Anfangswort des neuen Wortes bildet. Jedes zusammengesetzte Wort darf nur einmal vorkommen. Beispiel: Kinderwagen – Wagenrad – Radfahrer...

14 In der Natur: Es müssen Wortverbindungen gesucht werden, in denen ein Tier- oder Pflanzenname vorkommt. Beispiel: Bücher*wurm,* Angst*hase,* Wellen*salat,* Wind*rose*...

Wer wagt es? 11

Fröhliche Spielrunde

1 Art und Ort

Spielrunde ohne großen Aufwand.

2 Vorbereitungen

Material besorgen oder zusammensuchen.

3 Spielregel

Siehe »Durchführung«.

Spiele:

1. Feriengrüße
2. Kartoffelpendel
3. Lichter löschen
4. Wilde Kartoffeln
5. Durchschütteln
6. Genau wie die Uhr
7. Streichholz um Streichholz
8. Chinesischer Reis
9. Äpfel fischen
10. 36-heb auf!
11. Grimassen schneiden
12. Flirten

4 Material

Schnur, 2 Postkarten, Kartoffeln, Streichhölzer, Streichholzschachteln, Kerzen, Zeitungspapier, Leim oder Klebeband, 2 Flaschen, Reiskörner, Mikado-Stäbchen, Äpfel, Kessel oder Becken, Tücher, 2 Kartenspiele, Gummiringe.

5 Erfahrungen

Die Spieler/innen sollten sich wirklich freiwillig zu diesen Spielen melden.

Durchführung

1 Feriengrüße: Zwei gegen zwei. Je zwei Stühle stehen ca. 4 m voneinander entfernt. Sie sind mit einer Schnur miteinander verbunden (gespannt). Auf der Schnur liegt eine in der Mitte gefaltete Ansichtskarte. Die Spieler sitzen auf den Stühlen und müssen versuchen, durch Wippen u.ä. einander die Karte zuzustellen. Wenn die Karte herunterfällt, müssen sie wieder von vorne beginnen. Material: 4 Stühle, Schnur, 2 Postkarten.

2 Kartoffelpendel: Zwei Spielern bzw. Spielerinnen wird eine an einer Schnur hängende Kartoffel am Rücken in Taillenhöhe befestigt. Nun muß jeder Spieler mit seiner Kartoffel eine Streichholzschachtel in ein zirka 2 m entferntes Tor treiben. Material: Kartoffeln, Schnur, Streichholzschachteln.

3 Lichter löschen: Zwei Spielern oder Spielerinnen wird eine an einer Schnur hängende Kartoffel am Rücken in Taillenhöhe befestigt. Nun muß jeder Spieler mit seiner Kartoffel eine brennende Kerze auslöschen, die am Boden steht. Material: Kartoffeln, Schnur, Kerzen, Streichhölzer.

4 Wilde Kartoffeln: Vier Spieler/innen erhalten eine ca. 1 m lange Schnur, die sie um eine Kartoffel legen, ohne die Kartoffel festzubinden. An beiden Schnurenden ziehend, müssen die Spieler die Kartoffeln über eine Strecke von ca. 3 m ziehen. Wer kommt am besten mit den widerspenstigen Kartoffeln zurecht? Material: Kartoffeln, Schnur.

5 Durchschütteln: Die Spieler/innen bilden zwei Gruppen. Jede Gruppe fertigt einen Ring an aus Zeitungspapier mit einem Durchmesser von ca. 50 cm. Auf »los!« legen die ersten Spieler den Ring über ihre Schultern und lassen ihn durch Schüttel- und Hüftbewegungen bis zu den Füßen heruntergleiten. Dann nimmt der nächste Spieler den Ring usw. Reißt der Ring, muß die Gruppe ihn reparieren. Die Hände dürfen beim Durchschütteln nicht gebraucht werden. Material: Zeitungspapier, Leim oder Klebeband.

6 Genau wie die Uhr: Vier Spieler/innen müssen in einer vorher genau festgelegten Zeit (2 oder 3 Minuten) eine bestimmte Strecke zurücklegen. Ohne auf die Uhr zu schauen, sollen sie sich beim Zurücklegen der Strecke möglichst genau an die festgelegte Zeit halten. Die Spieler müssen dabei immer in Bewegung bleiben.

7 Streichholz um Streichholz: Die Spieler bzw. Spielerinnen bilden zwei Gruppen. Jede/r Spieler/in bekommt 10 Streichhölzer und beide Gruppen je eine Flasche. Dann legt der erste Spieler pro Gruppe sein erstes Streichholz auf den Flaschenhals, dann der nächste Spieler sein erstes Streichholz usw., bis alle Streichhölzer auf dem Flaschenhals liegen. Material: 2 Flaschen, Streichhölzer.

8 Chinesischer Reis: Vier Spieler/Spielerinnen sollen in maximal 3 Minuten 10 Reiskörner mit zwei Mikadostäbchen von einem Teller in einen anderen Teller befördern. Material: Reiskörner, Teller, Mikadostäbchen.

9 Äpfel fischen: In vier Behältern (Kessel, Becken, Schüssel) schwimmt je ein Apfel im Wasser. Vier Spieler/innen müssen nun versuchen, diese Äpfel zu essen, ohne die Hände zu gebrauchen. Wer hat den Apfel zuerst gegessen? Achtung: Putzlappen und Abtrockentuch bereithalten. Material: Schüssel, Äpfel, Putzlappen, Abtrockentuch.

10 36-heb auf: Die Spieler/Spielerinnen bilden zwei Gruppen. Der/die Spielleiter/in wirft zwei Kartenspiele in den Raum (gut gemischt). Welche Gruppe hat zuerst ein komplettes Kartenspiel zusammen. Material: Kartenspiele.

11 Grimassen schneiden: Sechs Spieler/Spielerinnen ziehen je einen Gummiring so über den Kopf, daß er vom Nacken über die Nasenspitze führt. Dann muß jede/r den Gummiring durch Grimassenschneiden zum Hals befördern. Die Hände dürfen nicht benutzt werden. Material: Gummiringe.

12 Flirten: Fünf Spielerinnen setzen sich nebeneinander auf Stühle, während fünf Spieler den Raum verlassen. Jede Spielerin entscheidet sich nun für einen dieser Spieler, um mit ihm zu flirten. Die Spieler kommen herein und müssen nun erraten, welche Spielerin mit ihnen flirtet. Wenn sie glauben, die richtige Spielerin gefunden zu haben, stellen sie sich hinter sie. Es können auch mehrere Spieler hinter einer Spielerin stehen. Anschließend sagen die Damen, welche Herren richtig stehen.

Schwarz wie die Nacht 12

Spiele mit verbundenen Augen

1 Art und Ort

Spiele mit verbundenen Augen; Spiele *ohne Sicht* für drinnen und draußen.

2 Vorbereitungen

Tücher zum Verbinden der Augen.

3 Spielregel

Siehe »Durchführung«.

Spiele:

1. Platzwechsel
2. Hänschen, piep mal!
3. Fechten
4. Fernsteuerung
5. Feuerwehrübung
6. Köpfchen muß man haben
7. Zielen
8. Puzzle
9. Geld zählen
10. An der Bar
11. Sortieren
12. Schleichwege

4 Material

Alte Zeitungen, Kerzen, Streichhölzer, Papier, 2 große Puzzle-Spiele, Kleingeld.

5 Erfahrungen

Blind sein ist eine schwere Behinderung, kein Spiel. Aus diesem Grund sollte hier der Ausdruck »blind« vermieden werden. Auf spielerische Art können die Jugendlichen das Augenlicht neu schätzen lernen.

Durchführung

Die Teilnehmer/innen bilden zwei Gruppen. Für jedes Spiel werden einzelne oder mehrere von den Gruppen delegiert.

1 Platzwechsel: Alle Spieler/innen machen einen Kreis und bekommen eine Nummer. Ein Mitspieler »ohne Sicht« steht in die Mitte und ruft zwei Nummern auf. Die beiden Nummern müssen ihren Platz tauschen, ohne daß sie vom Spieler in der Mitte berührt werden können. Wer berührt wird, muß sich die Augen verbinden und in die Mitte stellen. Gewonnen hat die Gruppe, die weniger Spieler in die Mitte stellen mußte.

2 Hänschen, piep mal: Die Teilnehmer/innen sitzen im Kreis. Ein Mitspieler »ohne Sicht« setzt sich einem Spieler auf den Schoß und sagt: »Hänschen, piep mal!« Kann er den Namen des piependen Mitspielers erraten, wird er von diesem abgelöst. Kann er den Namen nicht erraten, so wird er mit einem Schlag davongejagt. Gewonnen hat die Gruppe, die weniger Schläge verbuchen mußte.

3 Fechten: Aus alten Zeitungen werden Stöcke gerollt *(Degen)*. Pro Gruppe werden nun je einem Spieler die Augen verbunden. Ohne Sicht versuchen sie dann, sich gegenseitig mit den »Papierdegen« zu schlagen. Gewonnen hat, wer weniger Schläge einstecken mußte (mitzählen!).

4 Fernsteuerung: Mit Tischen und Stühlen wird eine Hindernisbahn angelegt. Pro Gruppe werden je einem Spieler die Augen verbunden. Auf »Los!« startet der erste und wird durch Zurufe von seiner Gruppe gelenkt. Wenn er zurück ist, startet der/Spieler/in der zweiten Gruppe. Wer weniger Hindernisse berührt hat, hat gewonnen.

5 Feuerwehrübung: Im Abstand von ca. 5 m steht eine brennende Kerze. Pro Gruppe muß ein/e Mitspieler/in »ohne Sicht« versuchen, die Kerze auszulöschen. Bevor er/sie startet, soll er/sie dreimal im Kreis gedreht werden. Die Zeit stoppen!

6 Köpfchen muß man haben: Mit Tischen und Stühlen wird eine Hindernisbahn angelegt. Pro Gruppe werden je einem Spieler/in die Augen verbunden. Bevor die Spieler »ohne Sicht« sich auf den Weg machen, können sie sich die Hindernisbahn gut anschauen und einprägen. Die übrigen Spieler müssen sich ganz ruhig und still verhalten. Wer weniger Hindernisse berührt, ist Sieger.

7 Zielen: Auf ein großes Blatt werden die Zahlen 1 bis 10 als Zielscheibe gemalt. Pro Gruppe müssen vier Spieler mit verbundenen Augen und ausgestrecktem Arm auf die Zielscheibe zugehen. Jede/r Spieler/in bekommt die Punktzahl, auf die er/sie mit dem Finger zeigt.

8 Puzzle: Jede Gruppe bekommt ein großes Puzzle (beide Gruppen dasselbe) mit ca. 20 Teilen. Vier Spielern bzw. Spielerinnen werden die Augen verbunden. Wer hat das Puzzle zuerst zusammengesetzt?

9 Geld zählen: Die Spieler/innen der beiden Gruppen sitzen mit hinter dem Rücken verschränkten Armen nebeneinander. Der/die Spielleiter/in gibt dem ersten Spieler beider Gruppen ein Geldstück in die Hand. Der/die Spieler/in befühlt das Geldstück und gibt es an den nächsten Spieler weiter usw. Dann wird das nächste Geldstück durchgegeben. Die Spieler/innen sollen durch das Befühlen den Wert der Geldstücke herausbekommen und abschließend sagen, wie hoch die Geldsumme ist, die durch ihre Hände gegangen ist. Die Spieler/innen dürfen die Geldstücke nicht sehen.

10 An der Bar: Der/die Spielleiter/in bereitet verschiedene Getränke vor. Pro Gruppe werden je zwei Spielern die Augen verbunden. Die Spieler/innen »ohne Sicht« müssen nun die Getränke probieren und raten, um was es sich handelt. Für jedes richtig geratene Getränk gibt es einen Punkt.

11 Sortieren: Je ein/e Spieler/in pro Gruppe muß mit verbundenen Augen sämtliche Teilnehmer/innen der Größe nach in eine Reihe stellen. Wer schneller ist und weniger Fehler macht, hat gewonnen.

12 Schleichwege:
1. Weg: Ein/e Spieler/in sitzt mit verbundenen Augen in der Mitte eines Kreises. Die andern Spieler/innen schleichen sich vom Kreisrand aus heran (immer nur ein/e Spieler/in) und versuchen Gegenstände beim Spieler »ohne Sicht« zu deponieren. Wenn der Spieler »ohne Sicht« etwas hört, zeigt er in die entsprechende Richtung. Der entdeckte Spieler muß zurück an den Kreisrand.
2. Weg: Vor dem/der Spieler/in »ohne Sicht« steht eine brennende Kerze, und die übrigen Spieler/innen müssen versuchen, sich heranzuschleichen, um die Kerze auszublasen (wie 1. Weg).
3. Weg: Vor dem/der Spieler/in »ohne Sicht« liegt ein Ball, die übrigen Spieler/innen müssen versuchen, diesen Ball zu stehlen (wie 1. Weg).

Luftige Spiele 13

Spiele mit Luftballons

1 Art und Ort

Spiele und Stafetten mit Luftballons für drinnen und draußen.

2 Vorbereitungen

Luftballons besorgen.

3 Spielregel

Je nach Gruppengröße werden für die Stafetten drei bis vier Mannschaften gebildet. Die gleichen Mannschaften können auch in den Spielen gegeneinander antreten. Spielregeln siehe »Beschreibung«.

Ballon-Stafetten:

1. Von Knall zu Knall
2. Von Knie zu Knie
3. Von Kopf zu Kopf
4. Ballon köpfen
5. Ballon löffeln
6. Ballon blasen
7. Ballon pressen

Ballon-Spiele:

1. Ballon-Tanz
2. Ballon-Hockey
3. Ballon-Tippen
4. Ballon-Fußball
5. Ballon-Handball

4 Material

Luftballone, alte Zeitungen, 2 Eimer, 2 Stühle.

5 Erfahrungen

Ballone sind unberechenbar; sie zerplatzen plötzlich oder schlagen eine ganz andere Richtung ein, als man gerne möchte. Das bringt Abwechslung und Spannung ins Spiel. Teilnehmer/innen mit Ohrenleiden sollten sich mit Watte schützen.

Beschreibung

1. Ballon-Stafetten

1 Von Knall zu Knall: Der/die erste Spieler/in bläst den Ballon auf, bis er zerplatzt, dann kommt der/die nächste an die Reihe usw., bis alle in der Gruppe dran waren.

2 Von Knie zu Knie: Der/die erste Spieler/in klemmt einen aufgeblasenen Ballon zwischen die Knie und muß ihn an den/die nächste/n Spieler/in weitergeben usw., bis der Ballon durch die ganze Reihe ist. Fällt der Ballon auf den Boden, muß er mit den Knien wieder aufgenommen werden.

3 Von Kopf zu Kopf: Der Ballon wird köpfend von Spieler zu Spieler weitergegeben. Jede/r Spieler/in muß den Ballon mit dem Kopf berührt haben.

4 Ballon köpfen: Der aufgeblasene Luftballon muß von jedem/jeder Spieler/in köpfend über eine vorgegebene Hindernisstrecke transportiert werden. Wenn der Ballon auf den Boden fällt, darf er nur mit einer Hand wieder hochgeholt werden.

5 Ballon löffeln: Vor jeder Gruppe steht in ca. 4 m Entfernung ein Stuhl, auf dem ein aufgeblasener Luftballon und ein Eßlöffel liegen. Der/die erste Spieler/in jeder Gruppe läuft zum Stuhl und transportiert den Ballon mit Hilfe eines Eßlöffels zum Start zurück und legt ihn dort in einen Eimer. Der Ballon darf dabei nicht mit den Händen berührt werden. Der/die zweite Spieler/in nimmt den Eßlöffel, fischt den Ballon aus dem Eimer und transportiert ihn wieder zum Stuhl zurück, wo er vom nächsten Spieler wieder geholt wird.

6 Ballon blasen: Der aufgeblasene Ballon muß von jedem/jeder Spieler/in eine vorgegebene Strecke hin- und zurückgeblasen werden usw.

7 Ballon pressen: Immer zwei Spieler/innen jeder Gruppe pressen einen aufgeblasenen Luftballon zwischen die Stirnen und legen so eine vorgegebene Hindernisstrecke zurück, dann übergeben sie den Ballon den nächsten zwei, ohne ihn mit den Händen zu berühren.

2. Ballon-Spiele

1 Ballon-Tanz: Die Spieler/innen bilden Paare. Jede/r Spieler/in bindet sich einen aufgeblasenen Luftballon ans linke Fußgelenk. Alle singen nun ein Lied mit vielen Strophen und tanzen dazu; gleichzeitig wird versucht, den andern Paaren auf den Ballon zu treten, so daß er platzt. Wer keinen Ballon mehr am Fußgelenk hat, darf noch tanzen, aber den andern nicht mehr auf den Ballon treten.

2 Ballon-Hockey: Fünf Spieler/innen bilden eine Mannschaft. Es spielen immer zwei Mannschaften gegeneinander. Jede/r Spieler/in rollt sich eine alte Zeitung zu einem »Hockey-Stock«. Auf den beiden Schmalseiten des Spielfeldes steht je ein Stuhl als Tor. Auf »Los!« muß nun jede Mannschaft versuchen, den aufgeblasenen Luftballon mit dem »Hockey-Stock« ins gegnerische Tor zu befördern. Es ist verboten, Körperkontakt zu haben und den Ballon mit den Händen oder Füßen zu berühren.

3 Ballon-Tippen: Auf den Schmalseiten des Spielfeldes steht je ein Stuhl als Tor. Auf der Mittellinie liegen 5 aufgeblasene Luftballons. Auf »Los!« startet von jeder Mannschaft je ein/e Spieler/in. Mit dem ausgestreckten Zeigefinger müssen sie nun versuchen, möglichst viele dieser Ballone ins eigene Tor zu tippen. Die Ballone dürfen einander nicht abgejagt werden.

4 Ballon-Fußball: Zwei kleine Mannschaften spielen gegeneinander. Der Ballon darf nur mit den Füßen bewegt werden.

5 Ballon-Handball: Zwei kleine Mannschaften spielen gegeneinander. Der Ball muß immer zuerst mit beiden Händen gefaßt werden, bevor er an einen anderen Spieler weiter gespielt werden darf. Der Ballon muß jedoch sofort weiter gespielt werden. Jeder geplatzte Ballon bedeutet ein Tor für die gegnerische Mannschaft.

Pfänderspiel

14

Pfand-Auslösespiel

1 Art und Ort

Pfandauslöse-Spiel für drinnen und draußen.

2 Vorbereitungen

Keine.

3 Spielregel

Alle Teilnehmer/innen machen einen Kreis. Der/die Spielleiter/in bringt in der Mitte eine liegende Flasche so in Schwung, daß sie sich wie ein Kreisel dreht. Wenn die Flasche wieder still liegt, muß der/die vom Flaschenhals angepeilte Spieler/in ein Pfand auslösen. Er/sie nennt eine Zahl zwischen 1 und 50, und der/die Spielleiter/in schaut auf der Liste nach, was auf der Stelle zu tun ist.
Die Pfänderliste kann auch bei anderen Spielen verwendet werden (z. B. Lotto mit Pfandauslösung).

4 Material

Kein Material nötig.

5 Erfahrungen

Das Pfänderspiel dient auch als lustiger Lückenbüßer, wenn Freiluftprogramme ins (Regen-)Wasser fallen.

Pfänderliste

1. Sprich den folgenden Satz einmal lachend, wütend, traurig und verliebt aus: »Ich freue mich, daß ich heute mit euch zusammen spielen darf!«
2. Singe den folgenden Satz wie eine Opernsängerin: »Der Jugend gehört die Zukunft, doch die Zukunft der Jugend ist das Alter.«
3. Halte auf dich selbst eine Strafpredigt!
4. Halte auf dich selbst eine Lobrede!
5. Mache von mindestens fünf Mitspielern/innen einen Hofknicks und sage ihnen Schmeicheleien!
6. Sage mindestens fünf Mitspielern/innen richtig vaterländisch deine Meinung und weise sie zurecht!
7. Erzähle uns eine kleine Geschichte, ohne den Buchstaben »S« zu benutzen!
8. Stehe eine Minute lang wie ein Hampelmann auf einem Bein im Kreis mit ernstem Gesicht und offenem Mund!
9. Empfange einen Unsichtbaren an der Türe und begleite ihn mit viel Komplimenten an seinen Platz!
10. Empfange deine/n Freund/in an der Türe, begrüße sie/ihn und führe sie/ihn in dein Zimmer!
11. Lies 4 Mitspielern/innen aus der Hand!
12. Sage das folgende Sprichwort rückwärts auf: »Morgenstund hat Gold im Mund«!
13. Sage fünfmal nacheinander ganz schnell den Satz: »Der Papst hat in Spiez das Speckbesteck zu spät bestellt«!
14. Stelle dich auf einen Stuhl. Die übrigen machen aus dir ein Denkmal, indem sie dir Kopf, Arme und Beine zurechtbiegen und dich mit Gegenständen behängen. Bleib eine Minute lang ruhig stehen!
15. Du kämpfst gegen einen unsichtbaren Gegner einen Boxkampf und wirst von ihm k.o. geschlagen.
16. Beschreibe mit einer Hand Kreise auf deiner Stirne und mit der anderen klopf dir taktmäßig auf die Brust, während du auf einem Bein stehst!
17. Hüpfe auf einem Bein herum und verbeuge dich vor zehn anderen!
18. Hebe mit dem Mund einen Gegenstand vom Boden auf mit vor der Brust gekreuzten Armen!
19. Mache einen tiefsinnigen und *fairen* Vergleich zwischen einem/r Mitspieler/in und einem Tier im Zoo!
20. Ziehe dich draußen so um, daß du alle Kleider verkehrt trägst, und komm dich mit einer Verbeugung vorstellen!
21. Erzähle deinen Lebenslauf ganz ehrlich und ohne zu lügen.
22. Erzähle deinen Lebenslauf, als wärst du ein Hochstapler!
23. Setze dich dreimal hintereinander auf den Boden und stehe jeweils wieder auf, ohne die Hände zu benutzen!

24. Halte einen kurzen Vortrag über die schrecklichen Folgen des Alkoholkonsums!
25. Singe die (ganze) erste Strophe eines Liedes!
26. Halte einen kurzen Vortrag über die gesundheitlichen Folgen des Rauchens!
27. Halte einen kurzen Vortrag über das Drogenproblem!
28. Nenne deine drei schlimmsten Fehler!
29. Nenne deine drei besten Eigenschaften!
30. Kritisiere die größten Fehler von zwei anwesenden Teilnehmern bzw. Teilnehmerinnen.
31. Sage fünf anderen, die anwesend sind, die Wahrheit!
32. Mache einem/einer Unsichtbaren eine Liebeserklärung!
33. Spiele eine bekannte Persönlichkeit so lange stumm, bis die anderen sie erraten haben!
34. Sage uns deine drei größten Wünsche!
35. Sage uns deine drei größten Sorgen!
36. Beantworte 3 Fragen, die während deiner Abwesenheit bestimmt werden!
37. Mache fünf Tierstimmen nach!
38. Kremple alle deine Taschen um und zeige uns, was du alles mit dir herumschleppst!
39. Mache mit deinem eigenen Namen einen Vers!
40. Erteile fünf anderen einen guten Rat!
41. Hilf am Schluß aufräumen und putzen!
42. Erkläre uns, warum das Wasser nicht bergauf fließen kann!
43. Zeige uns etwas, das niemand nachmachen kann!
44. Tanze einen Walzer ohne Musik!
45. Steige über die gefalteten Hände, richte dich auf und steige wieder zurück!
46. Zähle zwei Erfindungen und ihre Erfinder auf!
47. Erkläre, warum sich zwei verlieben können!
48. Frage vier andere, was sie von dir halten!
49. Versuche deine beiden Füße gleichzeitig in den Nacken zu legen!
50. Geh reihum und kritisiere bei jedem/jeder etwas (Haare, Kleidung, Schuhe usw.)!

Spielrunde 15

1 Art und Ort

Spielrunde im Haus, bei der es ums Reagieren, Beobachten und Hören geht.

2 Vorbereitungen

Sich mit den Spielregeln gut vertraut machen.

3 Spielregel

Die Teilnehmer/innen sitzen im Kreis. Zur Einstimmung kann man miteinander ein Lied singen. Jedes Spiel wird einzeln erläutert.

Spiele:

1. Löffelspiel
2. Mörderlis
3. Licht und Finsternis
4. Telegrafieren
5. Mühlespiel
6. Putzlappenturnier
7. Blasebalg
8. Hund und Knochen
9. Bewachte Burg
10. Kleider-Tauschen

4 Material

Genügend Löffel, Putzlappen, 2 Stöcke, Trinkhalme, Tischtennis-Ball.

5 Erfahrungen

Es geht bei diesen Spielen nicht einfach ums Gewinnen, sondern vor allem um die gemeinsame Spielfreude.

Beschreibung

1 Löffelspiel: Die Mitspieler/innen sitzen im Kreis. In der Mitte des Kreises liegen Löffel, einer weniger als die Zahl der Mitspieler/innen. Der/die Spielleiter/in erzählt eine Geschichte, und immer beim Wort »Löffel« müssen alle möglichst schnell einen Löffel ergreifen. Wer keinen erwischt, scheidet aus. Für die nächste Runde muß daher auch immer ein Löffel weggenommen werden. Es wird um so spannender, je mehr Worte mit »Lö...« in der Geschichte vorkommen, z. B.: löten, lösen, löschen, Löwe, Leumund, Löwenzahn, Lörrach etc.

2 Mörderlis: Alle Spieler/innen sitzen im Kreis. Ein/e Spieler/in geht hinaus. Er spielt den Detektiv, der den Mörder finden muß. In der Zwischenzeit wird ein/e Mörder/in bestimmt, und der Detektiv darf wieder hereinkommen. Der Mörder beginnt nun sein Unwesen. Alle, die von ihm angeblinzelt werden, fallen tot vom Stuhl. Der Detektiv steht mitten im Kreis und muß herausfinden, wer so »tödlich« blinzeln kann.

3 Licht und Finsternis: Alle Spieler/innen liegen am Boden. Das Licht geht aus, und ganz langsam, im Zeitlupentempo stehen alle auf. Immer wenn das Licht angeht oder auf ein bestimmtes Zeichen hin, müssen alle erstarren. Wer sich noch bewegt, scheidet aus. Wem es gelingt, in 10 Phasen aufzustehen und jedes Mal völlig zu erstarren, hat die größte Körperbeherrschung und ist Sieger.
Variante: Alle stehen im Raum. Das Licht geht aus, und wenn es wieder angeht oder auf ein bestimmtes Zeichen hin müssen sich alle verwandeln, z. B.: verärgert aussehen, überglücklich strahlen, Angst haben, auf einem Seil tanzen, an einem Seil ziehen, verliebt sein, nervös auf den Bus warten etc.

4 Telegrafieren: Die Spieler/innen sitzen im Kreis und fassen sich bei den Händen. Ein/e Spieler/in steht in der Mitte des Kreises und spielt den Detektiv, der das Telegramm aufhalten muß. Ein/e Spieler/in im Kreis schickt nun einem anderen ein Telegramm über den Händedruck. Peter sagt zum Beispiel: »Ich sende Andrea ein Telegramm!« und drückt seinem linken oder rechten Spielnachbar unauffällig die Hand. Dieser muß den Händedruck ebenso unauffällig an den nächsten Spieler weitergeben, usw. bis das Telegramm am Ziel ist, und Andrea sagt: »Ich habe es bekommen!« Der Detektiv sollte das Telegramm stoppen können, bevor es am Ziel ist, d.h. er muß genau auf die Hände der Spieler/innen achten.

5 Mühlespiel: Die Spieler/innen sitzen im Kreis. In der Mitte stehen 9 Stühle (3 Reihen zu je 3 Stühlen). Zwei Dreiergruppen versuchen nun, sich abwechslungsweise so auf die Stühle zu setzen, daß sie als Gruppe in einer Reihe (= Mühle) nebeneinander oder diagonal zu sitzen kommen. Wenn alle sitzen, aber keine Mühle entstanden ist, wird so lange abwechslungsweise Platz gewechselt, bis einer Gruppe die Mühle gelingt. Dazu darf aber kein Wort miteinander geredet werden. Anschließend werden zwei neue Dreiergruppen gebildet. Dann spielen die Siegergruppen gegeneinander bis zum Finale.

6 Putzlappenturnier: Zwei Parteien sitzen sich in einem Abstand von 3 bis 4 Metern gegenüber. Links und rechts steht je ein Stuhl als Tor. In der Mitte liegen ein Putzlappen und daneben zwei Stöcke von ca. 1 m Länge. Jede Partei wird entsprechend ihrer Spielerzahl durchnumeriert. Der/die Spielleiter/in ruft nun eine Nummer auf, und die Spieler/innen aus den beiden Parteien mit der gleichen Nummer schnappen sich einen Stock und versuchen damit, den Putzlappen ins gegnerische Tor (Stuhl) zu schieben. Ist ein Tor gefallen, legt man Lappen und Stöcke wieder in die Mitte und die nächste Nummer wird aufgerufen. Das Spiel wird noch spannender, wenn die Nummern verschlüsselt angesagt werden. Z. B.:
Für 1: Einhorn, Einsiedler, Kuhschwanz, Sieger, Papst.
Für 2: Duett, Duell, Ehepaar, Arme, Beine, Zwilling.
Für 3: Dreieck, Trimester, Dreirad, Trio, Terz.
Für 4: Quartett, Quadrat, Quart, Viertel, Jahreszeiten.
Für 5: Finger einer Hand, Quintett, Olymipiaringe, zehn Halbe.
Für 6: Halbes Dutzend, halbes Jahr, Sextett, drei Zwillinge.
Für 7: eine Woche, Geißlein, Zwerglein, Septett.
Für 8: Oktave, Achterbahn, Oktopus.
Für 9: Dreimal drei, Kegel, Neuner.

7 Blasebalg: Zwei Parteien knien sich auf einer Linie in einem Abstand von ca. 2 m gegenüber. Auf der Mittellinie liegt ein Tischtennis-Ball. Jede/r Spieler/in bekommt einen Trinkhalm. Auf ein Zeichen hin versuchen alle, den Ball in die gegnerische Partei »hineinzublasen«. Immer wenn der Ball eine/n Mitspieler/in berührt, zählt es als Tor, und der Ball wird wieder auf die Mittellinie zurückgelegt.

8 Hund und Knochen: Die Spieler/innen stehen im Kreis. In der Mitte steht ein/e Spieler/in mit verbundenen Augen. Er/sie spielt den Hund. Vor dem Hund liegt ein kleiner Gegenstand (Knochen), den er sich nicht nehmen lassen will. Die Spieler/innen aus dem Kreis (immer nur eine/r) versuchen nun, sich an den Knochen heranzuschleichen und dem Hund den Knochen wegzunehmen. Sobald der Hund aber mit der Hand direkt auf den »Räuber« zeigt, muß dieser in den Kreis zurücktreten, und der nächste darf versuchen, sich so leise wie möglich an den »Knochen« heranzuschleichen. Alle Mitspieler/innen müssen dabei mäuschenstill bleiben. Wer den Knochen erwischt, wird nun »Hund«.

9 Bewachte Burg: Die Spieler/innen stehen im Kreis und bilden eine geschlossene Burg. In der Mitte der Burg liegt ein Gegenstand (Schatz). Ein/e Spieler/in spielt den Räuber, der diesen Schatz stehlen will. Der Räuber verläßt den Raum, und in der Zwischenzeit wird ein/e Spieler/in im Kreis zum Wächter bestimmt. Nur der Wächter darf den Räuber fassen. Der Räuber kommt wieder herein und dringt nun in die Burg ein, um den Schatz zu rauben. Er weiß nicht, wer den Wächter spielt. Er kann selbst einen Eingang in die Burg bestimmen, aber er muß die Burg wieder durch den gleichen Eingang verlassen, bevor er vom Wächter gepackt wird. Pech ist es, wenn der Räuber seinen Ein- und Ausgang direkt neben dem Wächter wählt.

10 Kleider-Tauschen: Die Spieler sitzen im Kreis. 3 bis 4 Spieler/innen (Detektive) verlassen den Raum. In der Zwischenzeit tauschen die Spieler/innen im Kreis Kleider und Schuhe aus. Die Detektive müssen nun versuchen, die Kleider und Schuhe wieder an ihre Besitzer zurückzugeben. Dann bildet sich eine neue Detektiv-Gruppe und versucht dasselbe.

Seite um Seite

16

Spiele mit alten Zeitungen

1 Art und Ort

Spiele mit alten Zeitungen für drinnen und draußen.

2 Vorbereitungen

Einen Stoß Zeitungen besorgen (möglichst für alle die gleiche Ausgabe).

3 Spielregel

Ca. 6 Spieler/innen schließen sich zu einer Gruppe zusammen. Jedes gewonnene Spiel gibt zwei Punkte für die eigene Gruppe. Jedes Spiel wird einzeln beschrieben (Beschreibung).

Spiele:

1. Ohne Kontakt
2. Gefesselt
3. Schnelle Sauger
4. Zeitungsverträger
5. Inselbewohner
6. Textende
7. Tierformen
8. Hockey-Match
9. Fechten
10. Zielwurf

4 Material

Alte Zeitungen, Trinkhalme.

5 Erfahrungen

Die Spannung steigt, wenn für alle Spiele die gleichen Gruppen zusammenbleiben und gegeneinander antreten. Es kann aber ebenso lustig werden, wenn sich für jedes Spiel neue Gruppen bilden.

Beschreibung

1 Ohne Kontakt: Jede/r Spieler/in nimmt einen Streifen (ca. 5 cm breit und Zeitungslänge) Zeitungspapier, zieht den linken Schuh aus, legt das eine Streifenende in den Schuh und zieht den Schuh wieder an, so daß der Zeitungsstreifen zwischen Verse und Schuh festgeklemmt ist. Alle bewegen sich nun kreuz und quer durcheinander und versuchen, dem anderen auf den »Zeitungsschwanz« zu steigen, damit sie ihn verlieren. Wer die Zeitung verloren hat, scheidet aus. Die drei letzten bekommen je 2 Punkte für ihre Gruppe. Während des ganzen Spiels bleiben die Arme verschränkt; es ist verboten, andere zu stoßen oder zu berühren (ohne Kontakt).

2 Gefesselt: Jede/r Spieler/in nimmt einen Streifen Zeitungspapier, zieht die Schuhe aus, legt das eine Ende des Streifens in den linken und das andere Ende in den rechten Schuh und zieht die Schuhe wieder an. Alle sind nun mit einem Zeitungsstreifen gefesselt und müssen in einer bestimmten Zeit eine bestimmte Strecke (eventuell mit Hindernissen) zurücklegen. Wer das Zeitungsband zerreißt oder aus einem Schuh verliert, scheidet aus. Alle, die gefesselt wieder ans Ziel kommen, gewinnen einen Punkt für ihre Gruppe.

3 Schnelle Sauger: Jede Gruppe bekommt die gleiche Zeitung, öffnet sie, so daß jedes Blatt offen über dem anderen liegt. Jede/r Spieler/in bekommt nun einen Trinkhalm. Auf ein Zeichen hin beginnen alle miteinander mit dem Trinkhalm am obersten Blatt zu saugen und legen es neben die anderen Blätter; dann folgt das nächste Blatt, bis alle Blätter auf dem neuen Stoß liegen. Die schnellste und saugkräftigste Gruppe hat gewonnen. Die Blätter dürfen nicht mit den Händen berührt werden.

4 Zeitungsverträger: Alle Gruppen stellen sich in einer Reihe auf, jede/r Spieler/in jeweils einen Meter vom nächsten entfernt. Der/die erste Spieler/in klemmt sich eine Zeitung zwischen die Knie, und auf ein Zeichen geht er/sie zur/zum nächsten Spieler/in. Diese/r übernimmt die Zeitung mit ihren/seinen Knien und gibt sie an den/die dritte(n) Spieler/in weiter. Vom letzten Spieler muß die Zeitung wieder zurück zum ersten. Wer die Zeitung verliert, muß sie um einen Spieler nach rückwärts geben. Die schnellste und geschickteste Gruppe ist Sieger.

5 Inselbewohner: Jede Gruppe bekommt zwei Zeitungsblätter, die nebeneinander auf den Boden gelegt werden und so eine Insel bilden, auf der die ganze Gruppe lebt. Es regnet, und das Wasser steigt bedrohlich. Auf ein Zeichen, oder immer wenn das Licht ausgeht, steigt das Wasser wieder, und die Fläche der Insel verkleinert sich um die Hälfte. Das Wasser (der Boden) darf jedoch von keinem Gruppenmitglied berührt werden. Die Gruppe hat gewonnen, die am längsten auf der kleinsten Insel leben kann, ohne den Boden zu berühren.

6 Textende: Jede Gruppe hat die gleiche Ausgabe der Zeitung. Der/die Spielleiter/in liest einen beliebigen Text aus der Zeitung vor. Die Spieler/innen müssen diesen Text schnell in der Zeitung suchen und ihn weiterlesen. Wer zuerst richtig liest, hat einen Punkt für seine Gruppe gewonnen. Dann liest der/die Spielleiter/in einen neuen Text vor usw.

7 Tierformen: Alle Gruppen bekommen eine Zeitungsseite und sollen nach folgendem Verfahren ein Tier aus der Zeitungsseite »herausreißen«. Der/die erste Spieler/in beginnt mit dem Herausreißen einer Tierform; auf ein Zeichen wird die Zeitungsseite an den nächsten Spieler weitergegeben, der nun den Tierumriß weiterreißt. Dann ist der dritte dran usw., bis die Tierform vollständig herausgerissen ist. Während des ganzen Spiels darf nicht miteinander gesprochen werden. Für jedes Tier, das erkennbar ist, gibt es einen Punkt für die Gruppe.

8 Hockey-Match: Jede/r Spieler/in dreht ein Zeitungsblatt zu einem Papierstab. Eine Zeitungsseite wird zu einem Papierball zusammengeknüllt. Ein Spielfeld wird abgesteckt und an beiden Enden je ein Stuhl als Tor hingestellt. Nun spielen zwei Gruppen gegeneinander ein Hockey-Match. Der Papierball darf nur mit dem Papierstab berührt werden. Wenn der Ball unter dem Stuhl durchrollt, zählt es als Tor. Jedes gewonnene Spiel gibt zwei Punkte.

9 Fechten: Jede/r Spieler/in dreht ein Zeitungsblatt zu einem Papierstab, d. h. zu einem Degen. Dann treten immer zwei Spieler/innen gegeneinander an. Den Spielern werden die Augen verbunden, und sie müssen nun versuchen, einander zu schlagen. Wer dem andern auf den Hintern schlagen kann, hat einen Punkt für seine Gruppe gewonnen. Wenn es keinem Spieler nach einer bestimmten Zeit gelungen ist, den anderen zu treffen, bekommen beide einen Punkt. Jede Gruppe bestimmt zwei Spieler/innen, die sich diesem Kampf stellen müssen.

10 Zielwurf: Wohin nun mit all dem Papier? Alle Gruppen knüllen die Zeitungsseiten zu Bällen zusammen (jede Gruppe muß gleich viele Bälle haben). In einer bestimmten Entfernung wird der Papierkorb aufgestellt, und die Spieler/innen versuchen, in den Papierkorb mit den Bällen zu treffen. Jeder Treffer gibt einen Punkt für die Gruppe.

Spiele zum Anfang 17

1 Art und Ort

Spielrunde im Gruppenlokal zum Beginn eines neuen Schul- oder Gruppenjahres.

2 Vorbereitungen

»Sugus« kaufen (oder ähnliches). Tiernamen, Ortsangaben und Liedanfänge kopieren und schneiden (siehe *Beispiel*).

3 Spielregel

Persönliche Begrüßung und Einleitung.

10 Spiele zum Kennenlernen:

1. Der Sugus-König
2. Alle suchen das gleiche
3. Schlüssel suchen
4. Tiergruppen bilden
5. Interview zwischen Tauben und Stummen
6. Ortsangaben ohne Worte
7. Lieder vollenden
8. Gebrüll
9. Blinzeln
10. Platz tauschen

4 Material

»Sugus«, Tiernamen, Ortsangaben und Liedanfänge auf Zetteln.

5 Erfahrungen

Um die »Vitalität« der Jugendlichen zu berücksichtigen, ist es empfehlenswert, zwischen stille Spiele auch ab und zu ein lautes einzubauen. Die Spiele sind nur lustig, wenn wirklich alle wissen, worum es geht.

Beschreibung

1 Sugus-König: Alle Spieler bekommen 5 Sugus und gehen mit diesen kreuz und quer durch den Raum. Unterwegs stellen sie den Mitspielern Fragen. Immer wenn einer mit »ja« oder »nein« antwortet, muß er ein Sugus an den Befrager abgeben (Kopfnicken oder -schütteln gilt nicht). Wer nach ca. 10 Minuten am meisten Sugus bekommen hat, ist »Sugus-König/Königin«.

2 Alle suchen das gleiche: Alle Spieler sitzen oder stehen im Kreis. Der Spielleiter zählt verschiedene Gegenstände auf, die gesucht und angefaßt werden müssen. *Beispiele:* Alle fassen blaue Socken an. Alle fassen braune Schuhe an. Alle fassen ein buntes Halstuch an (die Anweisungen richten sich nach den Kleidern der Mitspieler).

3 Schlüssel suchen: Eine kleine Gruppe verläßt den Raum. Der große Rest bildet einen eng geschlossenen Kreis (Schulter an Schulter) und überlegt sich eine Verhaltensweise, bei der sich der Kreis öffnet. Die kleine Gruppe kommt dann in den geschlossenen Kreis und muß gemeinsam durch Versuche herausfinden, welche Verhaltensweise der Schlüssel ist, um den Kreis zu öffnen. Wenn sie den Schlüssel gefunden haben, verläßt eine andere kleine Gruppe den Raum. *Beispiele* für Verhaltensweisen: Über die Haare streichen, den Bauchnabel berühren, auf die linke große Zehe stehen, auf die Nasenspitze tippen etc.

4 Tiergruppen bilden: Jeder Spieler zieht ein Zettelchen mit einem Tiernamen. Dann verteilen sich die Spieler im Raum, schließen die Augen und stoßen die entsprechenden Tierlaute aus. Mit Hilfe der Laute sollen die Spieler ihre Artgenossen finden. Das Spiel ist beendet, wenn alle Spieler ihre Artgenossen gefunden und sich mit ihnen zu einer Gruppe zusammengeschlossen haben. Für Spiel 5, 6 und 7 bleiben die Spieler in ihren Gruppen.

5 Interview zwischen Tauben und Stummen: Immer zwei Gruppen spielen miteinander. Die eine Gruppe darf nicht reden, die andere Gruppe kann nicht hören. Die Gruppe, die nicht hören kann, stellt der Gruppe, die nicht reden darf, interessante Fragen, die pantomimisch beantwortet werden müssen. Nach fünf Minuten werden die Rollen getauscht. *Fragebeispiele:* Hobbys, Ferienziele, Lieblingsessen, Lieblingsfilm, Beruf etc.

6 Ortsangaben ohne Worte: Jede Gruppe zieht einen Zettel, auf dem eine Ortsangabe steht (Zoo, Shopping-Center, Schule etc.) Die Gruppen müssen sich kurz überlegen, wie sie die Ortsangabe durch Geräusche darstellen und den anderen Gruppen vorführen können. Die anderen Gruppen müssen herausfinden, an welchem Ort sich die andere Gruppe gerade befindet.

7 Lieder vollenden: Jede Gruppe zieht einen Zettel mit drei bzw. zwei Liedanfängen, aus denen sie eines auswählt und versucht, die erste Strophe dieses Liedes möglichst lustig und originell vorzusingen und vorzuführen.

8 Gebrüll: Die Spieler bilden zwei Gruppen. Der Spielleiter bzw. die Spielleiterin sagt einem Spieler der ersten Gruppe ein Wort ins Ohr (niemand sonst darf es erfahren). Dann stellt sich der Spieler mitten in die zweite Gruppe. Auf ein Zeichen beginnt die zweite Gruppe zu brüllen. Der Spieler der ersten Gruppe muß versuchen, seiner Gruppe das zugeflüsterte Wort zuzurufen. Wenn die erste Gruppe das Wort verstanden hat, muß sie es schnell darstellen. Dann werden die Rollen getauscht. Die Spieler der brüllenden Gruppe dürfen sich nicht bewegen. Keine Pfeifkonzerte!

9 Blinzeln: Die Spieler bilden zwei Gruppen (eventuell nach Geschlechtern aufgeteilt). Die Gruppen bilden einen inneren und äußeren Kreis. Die erste Gruppe sitzt im inneren Kreis auf Stühlen, wobei ein Stuhl leer bleibt. Die andere Gruppe stellt sich hinter die Stühle. Jeder Spieler verschränkt die Arme auf dem Rücken. Der Spieler hinter dem leeren Stuhl lockt mit Blinzeln einen Spieler auf seinen Stuhl. Der angeblinzelte Spieler muß versuchen, so schnell wie möglich den neuen Platz einzunehmen. Wird er aber vom Spieler, der hinter seinem Stuhl steht, berührt, darf er den Platz nicht wechseln. Nach einer gewissen Zeit werden die Rollen getauscht.

10 Platz tauschen: Die Spieler bilden einen Kreis. Ein Spieler stellt sich mit verbundenen Augen in die Mitte. Die Spieler im Kreis werden numeriert. Der Spieler in der Mitte ruft nun zwei Nummern (Spieler) auf, die ihre Plätze vertauschen müssen (sie behalten ihre Nummer). Kann der »blinde« Spieler einen berühren, werden die Rollen getauscht. Das Spiel eignet sich auch am Schluß des Abends als Namenstest: Statt Nummern werden dann vom »blinden« Spieler Namen aufgerufen, und die Aufgerufenen versuchen, möglichst lautlos ihre Plätze zu tauschen, um nicht erwischt zu werden.

Beispiele (für Spiel 4, 6, 7)

Katze	Hund	Hahn	Kuh	Schwein	Esel
Katze	Hund	Hahn	Kuh	Schwein	Esel
Katze	Hund	Hahn	Kuh	Schwein	Esel

(jeden Tiernamen mehrmals ausschneiden)

Shopping-Center Bahnhof Hallenbad Schule Zoo

Kaserne Pop-Konzert Fußball-Match Gottesdienst

Pferderennen Opern-Ball Zirkus

---

1 An den Ufern des Mexico Rivers
Danke für diesen guten Morgen
Das Wandern ist des Müllers Lust

2 Der Mond ist aufgegangen
Die Affen rasen durch den Wald
Dieses Haus ist alt und häßlich

3 Die Nacht ist ohne Ende
Ein Mann, der sich Kolumbus nannt

4 Herr, bleibe bei uns
Hoch auf dem gelben Wagen

5 Vom Aufgang der Sonne
Go, tell it on the mountain

3
Erarbeiten eines Themas

Erste Hilfe 18

Grundkurs

1 Art und Ort

Erste-Hilfe-Kurs (mindestens 2 Abende) im Gruppenlokal oder im Freien.

2 Vorbereitungen

Jede/r Gruppenleiter/in sollte einen anerkannten Erste-Hilfe-Kurs besucht haben und den behandelten Stoff beherrschen. Sanitäter-Lehrer/in einladen (sie kommen gerne). Karten kopieren und ausschneiden. Material besorgen.

3 Spielregel

2 bis 3 Teilnehmer/innen schließen sich zu einer Gruppe zusammen. Jede Gruppe zieht 2 von den 18 Karten. Zusammen mit dem/der Sanitäter-Lehrer/in und dem/der Gruppenleiter/in üben die Kleingruppen in ca. 20 Minuten das, was auf ihren Karten behandelt wird. Wenn alle Gruppen ihren Stoff beherrschen, erklären und üben sie das Gelernte mit der gesamten Gruppe (Plenum). Die Jugendlichen werden so selbst zu Lehrer/innen auf ihrem ganz speziellen Gebiet. Der/die Profi-Sanitäter/in gibt dazu die nötigen Erklärungen. Wenn nur wenig Zeit zur Verfügung steht, kann man diese Übung auf zwei Abende verteilen.

4 Material

Karten kopieren und ausschneiden. Verbandsstoff und Tücher.

5 Erfahrungen

Erste Hilfe sollte von allen Christen aus dem Effeff beherrscht werden. Wenn dieser Kurs nicht tierisch-ernst durchgeführt wird, sind die Jugendlichen sehr eifrige Kursteilnehmer/innen.

6 Biblischer Bezug

Lukas 10,30–37.

Lagerung bei Bewußtlosigkeit

Zeichen: Nicht ansprechbar

Befund: Bewusstlosigkeit

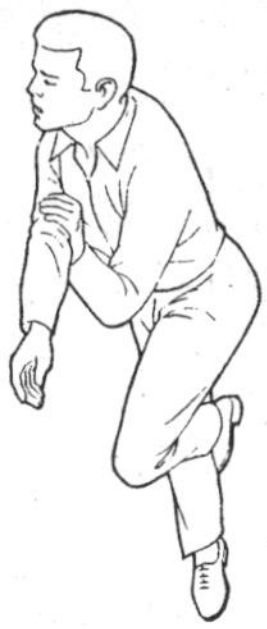

Seitenlage
- Wärme erhalten
- Ueberwachen

Faustregel

F A U S T R E G E L

"G A B I"

G = Gibt er/sie Antwort?

A = Atmet er/sie?

B = Blutet er/sie?

I = Ist der Puls in Ordnung?
Hat er/sie Puls?

Lagerung bei Bauchverletzung

Zeichen
- Wunde
- Schmerz

Befund: Bauchverletzung

Lagerung bei Bauchverletzung
- Deckverband
- Keine Getränke
- Nötigenfalls Seitenlage

Lagerung bei Schock

Zeichen
- Meist ansprechbar, teilnahmslos oder erregt
- Blass (marmoriert)
- Kalter Schweiss
- Rascher, kaum fühlbarer Puls

Befund: Schock

Schocklage
- Zuspruch
- Wärme erhalten
- Ueberwachen

Lagerung bei Rückenverletzungen

Zeichen
- Schmerzen im Rücken
- Eventuell Lähmungen

Befund: Wirbelsäulen- oder Becken-verletzung

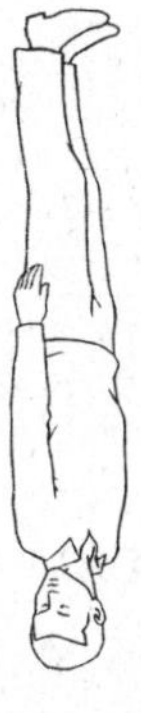

Rückenlage
- Auf Lähmungen achten
- Nötigenfalls Bauchlage
- alle harten Gegenstände weg

Lagerung bei Atemnot/Hitzschlag

Zeichen	– Bläuliche Haut – Ringt nach Atem	– Verletzung des Brustkorbes – Hustenreiz – Atemnot	– Kopfschmerzen – Verwirrt – Rotes Gesicht – Haut heiss und trocken – Puls rasch, gut fühlbar
Befund	Atemnot	Brustkorb-verletzung	Hitzschlag
Hochlagerung des Oberkörpers	– Ueberwachen	– Ueberwachen	– Aus Hitzebereich bringen – Kalte Umschläge – Ueberwachen

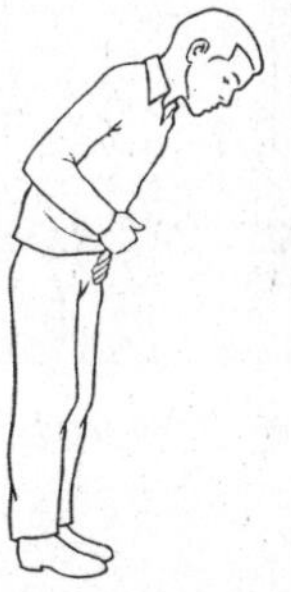

Blutstillung

- Lagern des Verletzten
- Hochhalten des verletzten Gliedes
- Fingerdruck (nötigenfalls in die Wunde)
- Druckverband
- 2. Druckverband
- Hochlagern und Ruhigstellen
- Abbinden nur im Notfall

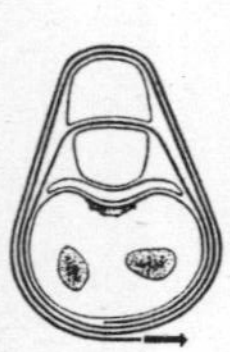

- Oertlich wirkender Druck auf blutende Stelle

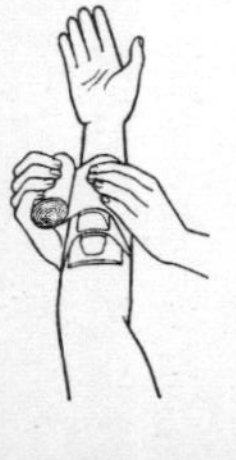

Beatmung mit dem Mund

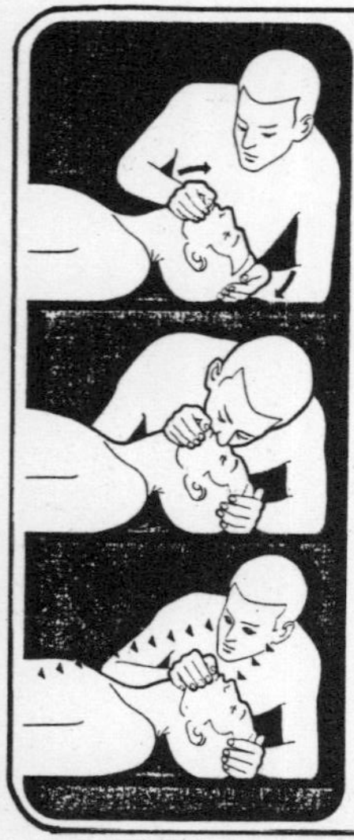

- Beengende Kleidungsstücke öffnen
- Kopf nach hinten strecken
- Unterkiefer an Oberkiefer drücken
- Zuerst 10 Beatmungsstösse in rascher Folge
- Nötigenfalls Atemwege freilegen
- Dann 12–15 Beatmungsstösse pro Minute
- Kontrolle mit Auge und Ohr
- Nötigenfalls Beatmung in Seitenlage

Fixieren von Bruchstellen

Vorderarm

Hilfsmittel:
Cramerschiene, Brettchen Karton, Zeitschriften

Handfläche gegen den Körper

Fuss und Knöchel

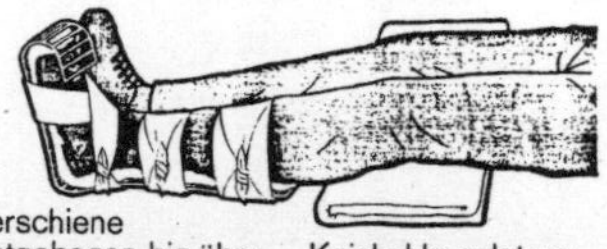

Cramerschiene zurechtgebogen bis über die Fußspitze

Kniekehle polstern
Notbehelf: Schuh an Schuh

Blutkreislauf

Blutmenge
1/13 des Körpergewichtes
= 5–6 Liter

Blutungen
Arterien – pulsierend
Kapillaren – sickernd
Venen – fliessend

Blutverlust
(innerer/äusserer)
über 1 Liter lebensgefährlich

Pulsen an der Speichenschlagader

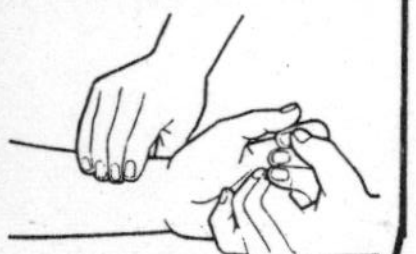

Fixieren von Bruchstellen

Unterschenkel

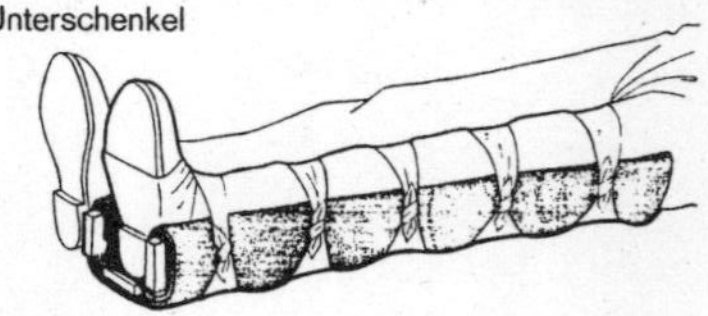

Hilfsmittel:

Cramerschiene, Brettchen oder Lattenstücke in Wolldecke eingeschlagen, Knöchel und Knie polstern

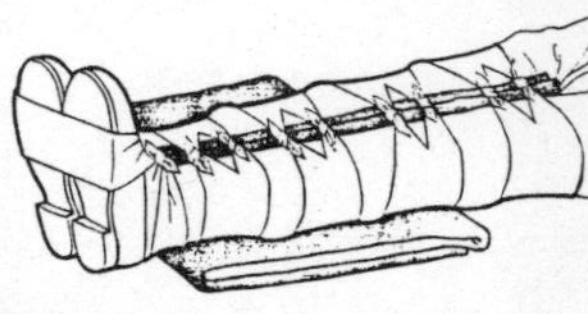

Notbehelf:

Gesundes Bein an das verletzte festbinden, polstern

Blutstillung

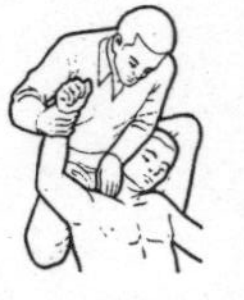

Schlüsselbeinschlagader

- Lagern des Verletzten
- Hochhalten des verletzten Gliedes
- Fingerdruck (nötigenfalls direkt in die Wunde)
- Druckverband
- 2. Druckverband
- Hochlagern und Ruhigstellen
- Abbinden nur im Notfall

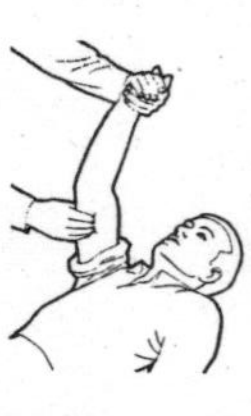

Oberarmschlagader

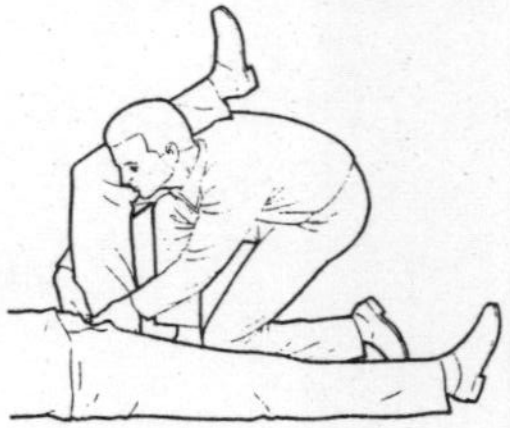

Oberschenkelschlagader

Krawattenverbände
Bedecken von Wunden, Kompressen fixieren

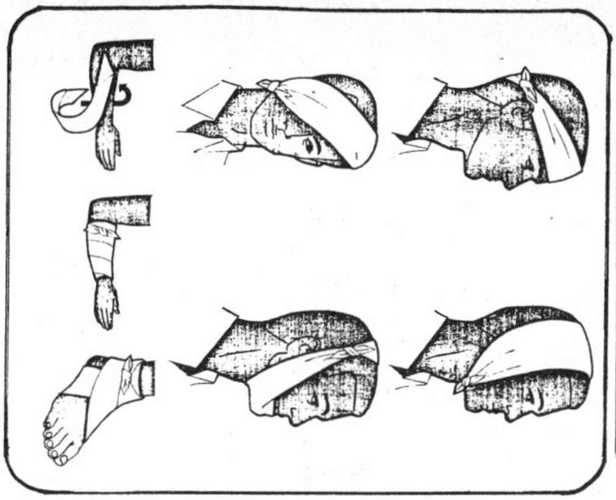

Bindenverbände
Dauerhaftes Befestigen der Wundbedeckung

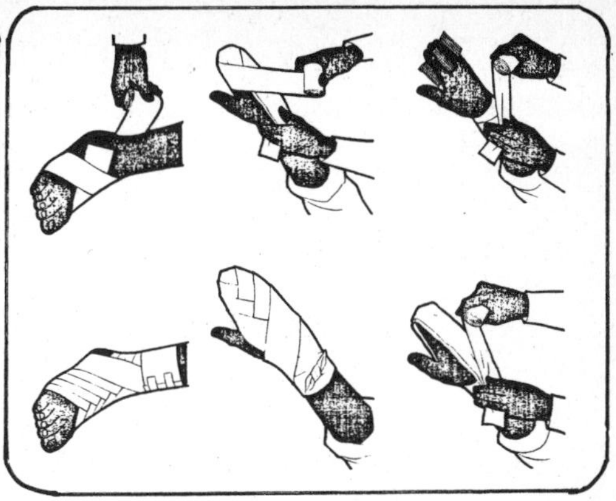

Deckverbände
Viereck- oder Dreiecktuch zum Bedecken großflächiger Wunden ohne Druckwirkung

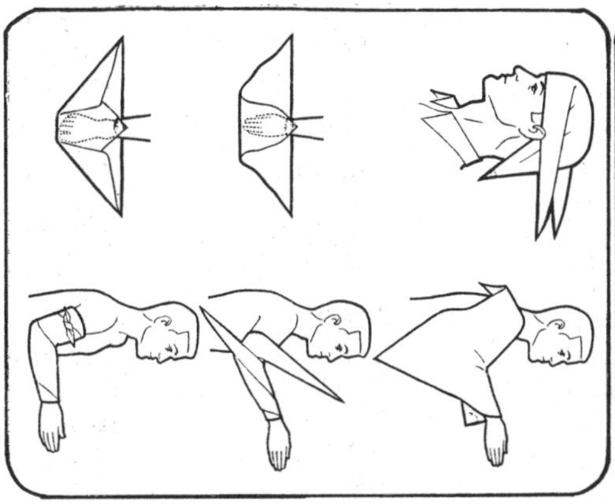

Bindenverbände und Armtrageschlinge

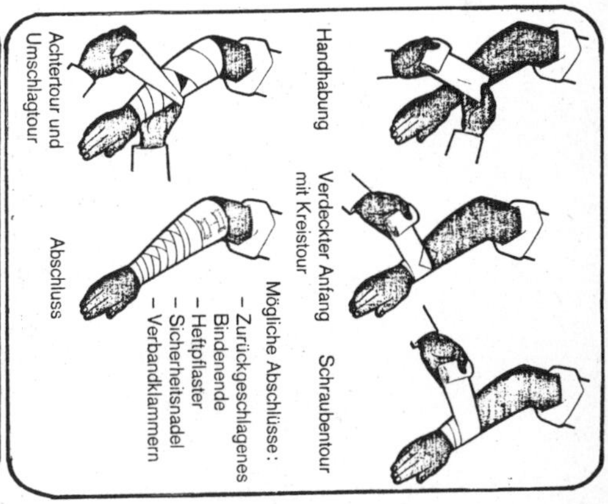

Schleuderverbände
Mit wenig Material eine Kompresse fixieren

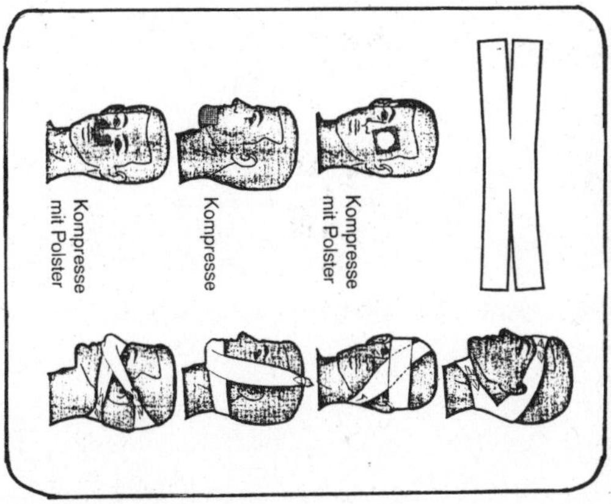

Bindenverbände
Dauerhaftes Befestigen der Wundbedeckung

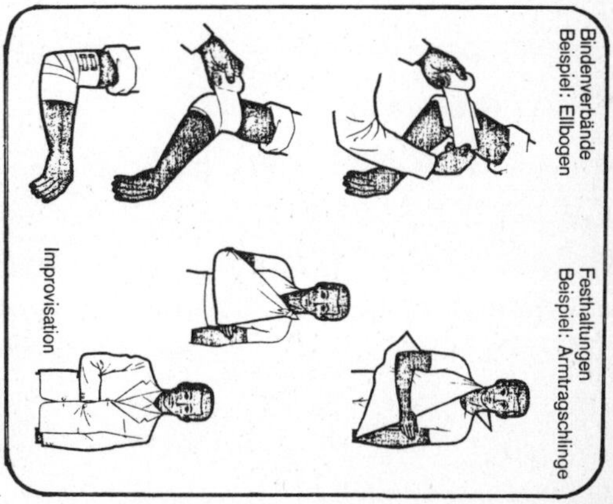

Erste Hilfe 19

Postenarbeit

1 Art und Ort

Fortsetzung und Vertiefung des Erste-Hilfe-Kurses. Im Haus oder im Freien.

2 Vorbereitungen

Die gestellten Aufgaben selbst durchgehen und lösen (auf das Aufführen der richtigen Antworten wurde hier ganz bewußt verzichtet, weil jede/r Gruppenleiter/in sie ja sowieso schon kennt). Sieben erwachsene Personen (eventuell Eltern der Jugendlichen) suchen, die bereit sind, einen Abend lang Posten zu stehen. Material besorgen.

3 Spielregel

Die sieben Helfer/innen gut instruieren und auf ihre Posten im Haus oder im Freien verteilen (Material je nach Aufgaben mitgeben). Zwei bis drei Teilnehmer/innen schließen sich zu Gruppen zusammen und machen sich als »barmherzige Samariter und Samariterinnen« auf den Weg, um bei den sieben besetzten Posten die gestellten Aufgaben (immer 2 Aufgaben) zu lösen. Bei 7 Gruppen können alle gleichzeitig starten. – Für jede richtig gelöste Aufgabe gibt es zwei bis drei rote »Schoko-Herzen«.

4 Material

Verbandsstoff und Tücher für Postenarbeit. Genügend rote »Schoko-Herzen«.

5 Erfahrungen

Der Erste-Hilfe-Kurs kann übergehen in einen gemütlichen Abend am Lagerfeuer bei Wurst und Brot, zusammen mit den Eltern der Jugendlichen.

Barmherzige Samariter und Samariterinnen

1. Vor euch liegt ein Verunglückter. Die Unfallstelle ist abgesichert. Welche vier Punkte müßt ihr nun prüfen (in der richtigen Reihenfolge)?

2. Ein älterer Mann liegt am Boden. Er ist gut gekleidet, mit Krawatte. Er ist verwirrt und hat raschen Puls. Sein Gesicht ist ganz rot, die Haut heiß und trocken. Was könnte er haben? Was macht ihr mit diesem Mann?

3. Die Nachbarsfrau hat mit ihrem Elektrorasenmäher Schwierigkeiten bekommen und wollte ihn überprüfen. Leider hatte sie vergessen, den Stecker rauszuziehen. Sie liegt nun neben dem Rasenmäher, gibt keine Antwort und atmet nicht mehr. Was macht ihr (genaue Reihenfolge)?

4. Eine Frau ist nach einer Kollision mit einem Auto mit ihrem Fahrrad gestürzt. Sie ist noch ansprechbar, liegt aber teilnahmslos am Boden. Sie ist ganz blaß, und kalter Schweiß rinnt ihr über die Stirn. Ihr Puls ist rasch, aber kaum fühlbar. Was könnte sie haben? Was unternehmt ihr?

5. Wie wird ein Bewußtloser richtig gelagert?

6. Ihr macht mit eurer Gruppe eine längere Wanderung. Zwei können nach drei Stunden fast nicht mehr gehen. Beim nächsten Halt zeigen sie euch ihre Füße. Sie haben an beiden Füßen riesige Blasen. Wie helft ihr ihnen?

7. Autounfall: Ein Kind fuhr mit dem Fahrrad über das Stoppsignal und wurde von einem Auto erfaßt. Am rechten Unterbein hat es eine große Wunde, aus der das Blut stoßweise herausströmt. Was macht ihr?

8. Ein Helikopter überfliegt euch. Der Pilot weiß nicht, ob ihr Hilfe braucht oder nicht. Zeichnet die beiden Signale auf, die dem Pilot zeigen: »Wir brauchen Hilfe!« bzw. »Wir brauchen keine Hilfe!«

9. Ihr geht miteinander Skilaufen. Einer von euch klagt über jämmerlich kalte Füße. Im Bergrestaurant zieht er die Schuhe aus. Die Zehen an beiden Füßen sind schneeweiß! Wie helft ihr ihm?

10. Ihr macht miteinander eine Skitour und kommt dabei in ein leichtes Schneebrett. Eine Teilnehmerin wird verschüttet. Nach zehn Minuten habt ihr sie gefunden, aber sie atmet bereits nicht mehr. Was unternehmt ihr?

11. Beim Skilaufen stürzt einer von euch so unglücklich, daß er nicht mehr selbst aufstehen kann. Die Sicherheitsbindung hat nicht funktioniert, und sein rechtes Bein ist nach hinten gedreht. Wie geht ihr vor?

12. In der Skihütte geht es lustig zu. Plötzlich wird eine Pfanne mit siedendheißem Tee umgestoßen. Unglücklicherweise ergießt sich der Tee über die Hüfte und das linke Bein einer Kameradin. Was unternehmt ihr?

13. Ihr macht Skiferien in einer abgelegenen Skihütte. Ein Gruppenmitglied wird krank: Halsweh, Fieber und Schwäche. Dummerweise habt ihr die Taschenapotheke zu Hause vergessen. Was macht ihr?

14. Beim Skilaufen stürzt ein Gruppenmitglied von euch, und ein anderes, das ohne Abstand folgt, fährt ihm über die Hände. Resultat: Auf dem Handrücken der rechten Hand eine große, blutende Wunde und am Daumen der linken Hand ebenfalls eine große, blutende Wunde. Macht einen fachgerechten Wundverband!

15. Wann ist Alkohol eine Medizin, wann nicht?

Die beiden »B's« 20

Bild (Blick) und Bonhoeffer

1 Art und Ort

Mit großgedruckten Buchstaben aus dem »Blick« (Bild) ein »Bonhoeffer-Wort« zusammenkleben.

2 Vorbereitungen

Für jede Gruppe eine Ausgabe des »Blick« (der »Bild«) und Spruchkarten.

3 Spielregel

Einführung: Alles hat zwei Seiten, auch wenn wir nur eine sehen. So finden wir zum Beispiel auch bei einem sogenannt »verrufenen« Menschen immer auch eine gute Seite, wenn wir sie suchen wollen. Und auch ein sogenannt »guter« Mensch trägt seine Schattenseite mit sich umher. Uns sticht meistens das Negative in die Augen, und das Positive erkennen wir nur, wenn wir wirklich wollen.
Der »Blick (die »Bild«) wird von sehr vielen Menschen gelesen, aber sehr viele finden die Zeitung auch schlecht (mit Recht), aber sie lesen sie trotzdem. Aber sogar mit einer so umstrittenen Zeitung läßt sich etwas Gutes machen. Mit den Buchstaben der Zeitung kann etwas Besseres geschrieben werden, wenn man wirklich will. Zum Beispiel eben ein Bonhoeffer-Wort:

Von guten Mächten wunderbar geborgen,
erwarten wir getrost, was kommen mag.
Gott ist mit uns am Abend und am Morgen
und ganz gewiß an jedem neuen Tag.

Jede Gruppe (4 bis 5 Teilnehmer/innen) bekommt eine Zeitung, Scheren, Leim und Papier und macht sich daran, die nötigen großgedruckten Buchstaben aus der Zeitung herauszuschneiden und sie in der »Bonhoefferschen« Reihenfolge auf ein Papier zu kleben. Gewonnen hat die Gruppe, die das Gedicht zuerst geklebt hat.

4 Material

»Blick«/»Bild«, Spruchkarten, Scheren, Leim, Papier.

5 Erfahrungen

Diese großen Gegensätze zwischen »Bild/Blick« und »Bonhoeffer« bringen sogar Jugendliche zum Schmunzeln.

6 Biblischer Bezug

1 Samuel 16,7: Der Mensch sieht auf den äußeren Schein, Gott aber sieht das Herz an.

Unsere Gruppe 21

Gruppenarbeit über die Gruppe selbst

1 Art und Ort
Gruppengespräch über Weg, Aufgabe und Leitung der eigenen Gruppe.

2 Vorbereitungen
Frageblätter kopieren; Kurzgeschichte zum Thema suchen.

3 Spielregel
- *Kurze Einführung:* Dort, wo viele Menschen zusammenkommen, braucht es gewisse Abmachungen, damit nicht nur die Stärksten und »Frechsten« zum Zuge kommen, sondern möglichst alle möglichst viel Freiheit genießen können. – Was im Straßenverkehr und in der Gesellschaft mit riesigen Gesetzesbüchern geregelt wird, lautet in der Bibel knapp: »Liebe deinen Mitmenschen so wie dich selbst!« oder: »Nehmt einander an, wie Christus euch angenommen hat!«
- Spannende Kurzgeschichte erzählen.
- 5 bis 6 Teilnehmer/innen schließen sich zu Gesprächsgruppen zusammen. In jeder Gruppe wird ein/e Gesprächsleiter/in bestimmt. Jede Gruppe bekommt ein Frageblatt und Schreibzeug.
- Die Gruppen gehen auseinander und beantworten die gestellten Fragen.
- Die Antworten werden im Plenum zusammengetragen, miteinander verglichen, und das Wesentliche wird vom Spielleiter festgehalten.
- Der/die Spielleiter/in verfaßt für die nächste Gruppenstunde ein Blatt mit den Ergebnissen und hängt es im Gruppenraum gut sichtbar auf.

4 Erfahrungen
Gerade in halboffenen Gruppen kann es sehr hilfreich und klärend wirken, wenn einmal über den Sinn der Gruppe, über Aufgaben und Verantwortung der einzelnen und über die Funktion der Leiter gesprochen wird.

5 Material
Fragebogen und Schreibzeug.

6 Biblischer Bezug

Matthäus 7,12:	»Behandelt die Menschen so, wie ihr selbst von ihnen behandelt werden wollt!«
Matthäus 22,39:	»Liebe deinen Mitmenschen wie die selbst.«
Römerbrief 15,7:	»Nehmt einander an, wie Christus auch euch angenommen hat.«

Unsere Gruppe

- ***Sinn unserer Gruppe***
  - Warum ist es gut, daß es diese Gruppe gibt?
  - Was soll diese Gruppe bieten?
- ***Mitgliedschaft***
  - Wer kann Mitglied werden?
  - Welche Bedingungen muß ein Mitglied erfüllen?
  - Wann kann ein Mitglied von unserer Gruppe ausgeschlossen werden?
- ***Verantwortung***
  - Wer trägt die Verantwortung in unserer Gruppe?
  - Wer soll die Hauptverantwortung tragen?
  - Sollen wir eine Art »Vorstand« einsetzen? – Warum »Ja«? – Warum »Nein«?
- ***Beschlüsse***
  - Wann sollen in unserer Gruppe Beschlüsse gefaßt werden?
  - Wie sollen Beschlüsse gefaßt werden?
  - Wer sorgt dafür, daß Beschlüsse auch ausgeführt werden?
  - Wie können die Wünsche der Mitglieder in die Gruppe eingebracht werden?
- ***Programm***
  - Warum braucht unsere Gruppe ein Programm?
  - Wer stellt das Programm zusammen?
  - Wer ist verantwortlich für das Programm?
- ***Kasse***
  - Wie sollen die Anlässe unserer Gruppe finanziert werden?
  - Wer soll das *Sponsoring* der Gruppe übernehmen?
  - Wer soll die Kasse führen?
- ***Gruppenraum***
  - Wer flickt und kontrolliert das vorhandene Material und die Spiele?
  - Wer ist für die Reinigung der Gruppenräume verantwortlich?
- ***Anregungen***
  - ...

Eine erstaunliche Geschichte

22

1 Art und Ort

Bibelarbeit über Lk 15,11–32: »Der verlorene Sohn.«

2 Vorbereitungen

Thematische Auseinandersetzung. Fragebogen zuschneiden.

3 Spielregel

• *Vorbemerkung:* Jemand hat gesagt, wenn von aller Evangelientradition einzig und allein das Gleichnis vom *Verlorenen Sohn* erhalten geblieben wäre, so würde es völlig ausreichen, um das Neue und Einzigartige der Gestalt Jesu zu rekonstruieren. Dieses Gleichnis zeigt uns nicht nur das neue Gottesbild Jesu, sondern auch die Liebe Gottes zum Menschen.

• Fragebogen in Streifen schneiden, so daß immer nur der kurze Text und die Fragen dazu auf einem Streifen stehen.

• Die Teilnehmer setzen sich in kleinen Gruppen an Tische im Raum.

• Ohne vorher die Geschichte zu erzählen, wird versucht, unser eigenes Verhalten dem Verhalten des Vaters und der beiden Söhne gegenüberzustellen. Die Gruppen überlegen kurz, wie sie reagieren oder antworten würden, schreiben ihre Antworten auf den Streifen und dann werden die Antworten miteinander besprochen. Dann folgt der nächste Streifen.

• Wenn alle Streifen durchbesprochen sind, wird das Gleichnis noch einmal im Zusammenhang gelesen. – *Wichtig:* Das Gespräch über die einzelnen Fragen sollte nicht zu lange dauern, und vor allem nicht immer gleich lang! Der liebende Gott, der das Verlorene wieder aufnimmt, ohne Vorwürfe und ohne Strafe, sollte das Zentrum bilden.

• Nach dem gemeinsamen Gespräch versucht jede Gruppe ein Drehbuch zu entwerfen für einen Videofilm. – *Thema:* Die gütigen Eltern. – *Ort:* Eigener Wohnort. – *Zeit:* Heute. Das beste oder die zwei besten Drehbücher werden schließlich mit der Gruppe verfilmt. – *Wichtig:* Gespräch und Filmarbeit sollten nicht am gleichen Tag durchgeführt werden.

4 Material

Fragebogen und Schreibzeug. Eventuell Videoapparate.

5 Erfahrungen

Für diese Gesprächsrunde darf die Gruppe nicht zu groß sein.

6 Biblischer Bezug

Lk 15,11–32.

Der Vater und seine zwei Söhne *(Lukas 15,11–32)*

Jesus erzählt eine Geschichte:

1 Ein Mann hatte zwei Söhne. Der jüngere sagte: »Vater, gib mir den Teil der Erbschaft, der mir zusteht!«
Was soll ein Vater auf einen solchen Wunsch eines seiner Kinder antworten? Was hättest Du an des Vaters Stelle unternommen?
...

2 Da teilte der Vater seinen Besitz unter die beiden auf.
Was würdest Du mit einem so großen Erbe anfangen?
...

3 Nach ein paar Tagen machte der jüngere seinen ganzen Anteil zu Geld und zog in die Fremde.
Was soll ein Vater seinem Kind noch raten, wenn es in die Fremde zieht? Welche Ratschläge würdest Du erteilen?

4 Dort lebte er in Saus und Braus und verjubelte alles.
Wie sieht ein Leben in Saus und Braus aus? Was ist das?

5 Als er nichts mehr hatte, brach in jenem Land eine große Hungersnot aus; da ging es ihm schlecht.
Warum brach die Hungersnot aus? Warum ging es ihm schlecht? Warum geht es einzelnen Menschen gut, anderen schlecht?

6 Er fand schließlich Arbeit bei einem Bürger des Landes, der schickte ihn zum Schweinehüten aufs Feld.
Schweinehüten war damals für einen Mann die letzte »Drecksarbeit«. Womit könnte man diese Arbeit heute vergleichen? Was möchtest Du nie tun?

7 Er war so hungrig, daß er mit dem Schweinefutter zufrieden gewesen wäre; aber selbst das verwehrte man ihm.
Was denkt wohl ein Mensch in einer solchen Situation, in der er von allen Menschen verlassen ist?

8 Endlich ging er in sich und sagte: »Die Arbeiter meines Vaters bekommen mehr, als sie essen können, und ich werde hier vor Hunger umkommen. Ich will zu meinem Vater gehen und zu ihm sagen:
Was sollte er zu seinem Vater sagen? Was würdest Du an seiner Stelle zu Deinen Eltern sagen?

9 Vater, ich bin vor Gott und vor dir schuldig geworden;
Was machte ihn schuldig vor Gott? Was machte ihn schuldig vor dem Vater?

10 ich verdiene es nicht mehr, dein Sohn zu sein. Nimm mich als Arbeiter in Dienst!«
Was müssen Kinder anstellen, daß sie es nicht mehr verdienen, als Kinder ihrer Eltern aufzutreten? Wann dürfen Eltern sagen: Du bist nicht mehr unser Kind?

11 So machte er sich auf den Weg zu seinem Vater.
Welche Gedanken begleiteten ihn wohl auf diesem Weg? Was würdest Du denken auf einer reumütigen Heimkehr zu den Eltern? Woher bekam er den Mut, wirklich zum Vater zurückzukehren?

12 Der sah ihn schon von weitem kommen,
Was soll der Vater jetzt mit seinem »mißratenen« Sohn machen? Was würdest Du als Vater unternehmen? Was würdest Du zum Sohn sagen?

13 und voller Mitleid lief er ihm entgegen, fiel ihm um den Hals und küßte ihn.
Wie findest Du das Verhalten dieses Vaters?

14 »Vater«, sagte der Sohn, »ich bin vor Gott und dir schuldig geworden, ich verdiene es nicht mehr, dein Sohn zu sein.«
Wie findest Du das Verhalten des Sohnes? Was soll der Vater darauf antworten?

15 Aber der Vater rief seine Diener: »Schnell, holt das beste Kleid für ihn, steckt ihm einen Ring an den Finger und bringt ihm Schuhe. Holt das Mastkalb und schlachtet es. Wir wollen ein Fest feiern und uns freuen.
Was haben dieses Fest, der Ring, das Kleid und die Schuhe für den Sohn zu bedeuten? Was heißt das von nun an für den Sohn?

16 Mein Sohn hier war tot, jetzt lebt er wieder. Er war verloren, jetzt ist er wiedergefunden.« Und sie begannen zu feiern.
Warum war der Sohn für den Vater tot?

17 Der ältere Sohn war noch auf dem Feld. Als er zurückkam und sich dem Haus näherte, hörte er das Singen und Tanzen. Er rief einen Diener herbei und fragte, was los sei. Der sagte: »Dein Bruder ist zurückgekommen, und dein Vater hat das Mastkalb schlachten lassen, weil er ihn gesund wiederhat.«
Wie soll der ältere Sohn reagieren? Wie würdest Du in dieser Situation reagieren?

18 Da wurde der ältere Bruder zornig und wollte nicht ins Haus gehen.
Ist der Zorn des älteren Bruders berechtigt oder nicht? Warum?

19 Schließlich kam der Vater heraus und redete ihm gut zu.
Was hättest Du als Vater in diesem Augenblick gesagt?

20 Aber der Sohn sagte zu ihm:
Was hättest Du als Sohn aus der Enttäuschung heraus geantwortet?

21 »Du weißt doch: all die Jahre habe ich wie ein Sklave für dich geschuftet, nie war ich dir ungehorsam. Was habe ich dafür bekommen? Mir hast du nie auch nur einen Ziegenbock gegeben, damit ich mit meinen Freunden feiern konnte. Aber da, dein Sohn, hat dein Geld mit Huren durchgebracht; und jetzt kommt er nach Hause, da schlachtest du gleich das Mastkalb für ihn!«
Warum hat der ältere Sohn immer so hart arbeiten müssen und nie etwas zum Feiern bekommen? Warum hat ihm der Vater nie etwas gegeben? Wie soll der Vater auf diesen Vorwurf antworten? Was würdest Du dem älteren Sohn antworten?

22 »Mein Sohn«, sagte der Vater, »du bist immer bei mir, und dir gehört alles, was ich habe. Wir konnten doch gar nicht anders als feiern und uns freuen. Denn dein Bruder war tot, jetzt ist er wieder am Leben! Er war verloren, aber jetzt ist er wiedergefunden!«
Der Vater sagt: Wir konnten doch nicht anders! In Wirklichkeit hätten sie doch etwas anderes machen können. Was?

23 Jesus sagt: »So wie dieser Vater handelte, so handelt auch Gott!«
Was kannst Du aufgrund dieser Geschichte über Gott sagen? Wie ist er?

Randsiedler 23

1 Art und Ort
Gespräch und Soziodramen über den Umgang mit Randsiedlern und Außenseitern in der Gruppe.

2 Vorbereitungen
Keine.

3 Spielregel
- *Einführung ins Thema:* Immer wieder begegnet man Menschen – auch in der Gruppe – mit denen man Mühe hat, weil sie so anders sind. Wie soll man sich verhalten? Oder bin ich vielleicht sogar selbst ein Randsiedler?
- 6 bis 8 Teilnehmer/innen schließen sich zu einer Gruppe zusammen. Jede Gruppe wählt zwei Typen von Randsiedlern aus (siehe Beispiele). Mehrere Gruppen können auch den gleichen »Typ« wählen. Welcher »Typ« wird am meisten gewählt?
- Kurzes Gespräch in der Gruppe über den betreffenden »Typ«. – Wie soll man mit ihm umgehen? – Zu jedem »Typ« werden zwei kurze Soziodramen einstudiert:

1. Soziodrama: Der »Typ« wird gespielt, wie er eben ist, wie er stört, wie er einen auf die Nerven geht, wie die Gruppe reagiert und ihn ausschließt.
2. Soziodrama: Der »Typ« wird gespielt, wie er ist, wie er stört, aber die Gruppe reagiert so, daß er/sie nicht weiterhin Außenseiter/in bleiben muß. Die Gruppe spielt eine mögliche Lösung.

- Die Soziodramen werden dem Plenum vorgespielt. Die gespielten Lösungen werden miteinander verglichen und besprochen.

4 Material
Kein Material nötig.

5 Erfahrungen
Auch dann, wenn in der Gruppe selbst keine solchen Probleme zu bewältigen sind, können diese Soziodramen ein wenig Verständnis wecken für Randsiedler und Außenseiter.

6 Biblischer Bezug
Mt 9,13: Jesus sagt »Ich bin nicht gekommen, um solche zu berufen, bei denen alles in Ordnung ist, sondern ausgestoßene Sünder!«

Beispiele

*1 **Zankapfel:*** Peter ist sehr reizbar. Die kleinste Bemerkung oder die kleinste Stichelei genügt und er wird handgreiflich. Manchmal wirft er sogar Gegenstände im Zimmer herum. Es gibt Zeiten, da findest Du sein Verhalten lustig, und Du hast sogar Freude, wenn er wütend wird. Aber immer häufiger ärgert es Dich, weil Sachen kaputtgehen und weil Ihr in der Gruppe dann auch nicht mehr normal miteinander reden könnt.

*2 **Raucherin:*** Marianne ist trotz ihres jungen Alters bereits Kettenraucherin. In der Gruppe darf sie nicht rauchen, aber sonst steckt sie sich bei jeder Gelegenheit eine Zigarette in den Mund und raucht. Einerseits bewunderst Du ihren Mut, in ihrem Alter so öffentlich eine Zigarette zu rauchen, andererseits findest Du dieses Verhalten blöd. Denn in ihrer Nähe schmeckt es immer nach Rauch, und Du willst mit dieser schädlichen »Sucht« nichts zu tun haben.

*3 **Der große Bluff:*** Karl weiß immer alles besser. Er hat auch das größte und lauteste Maul. Obwohl er in Wirklchkeit vieles nicht versteht, gibt er zu allem seinen Kommentar ab und versucht, die Gruppe auf diese Weise zu bestimmen und zu beeinflussen. Dieses Verhalten wird Dir langsam lästig, weil alles nur Bluff ist. Einige Gruppenmitglieder haben bereits angedeutet, daß sie nicht mehr in die Gruppe kommen werden, wenn Karl nicht bald das Maul gestopft wird.

*4 **Die Neue:*** Seit längerer Zeit geht Ihr miteinander in die gleiche Gruppe. Ihr kennt einander schon recht gut und habt meistens viel Spaß in der Gruppe. Eines Abends kommt nun Karin. Sie ist mit ihrer Familie erst seit kurzem im Dorf, hat von Eurer Gruppe Positives gehört und möchte auch mitmachen. Das paßt Euch aber nicht so recht, denn Ihr empfindet sie als Eindringling, weil Ihr Euch nun wieder an sie anpassen müßt.

*5 **Der Ausrufer:*** Jeden Vorschlag, der in der Gruppe gemacht wird, lehnt Martin ab oder sagt, es gäbe noch andere und bessere Sachen zu machen. Immer kommt es zu langen Diskussionen, weil Martin nicht mitmachen will oder dann nur mit größtem Widerwillen. Sein wichtigstes Wort heißt »Scheiße«. So kommt kaum noch etwas Lustiges zustande in der Gruppe. Bereits zwei Gruppenmitglieder kommen aus diesem Grund nicht mehr in Eure Gruppe.

*6 **Das Liebespärchen:*** Anne und Rolf sind das einzige Liebespärchen in Eurer Gruppe. Sie gehen schon einige Zeit miteinander und stecken ihre

Köpfe bei jeder passenden und unpassenden Gelegenheit zusammen. Sie können kaum mehr sein, ohne »Händchen zu halten«. Sie machen bei Gruppenarbeiten nur mit, wenn sie zusammen in die gleiche Gruppe gehen können. Sie sondern sich so oft ab, daß es Dich richtig stört. Du ärgerst Dich darüber, daß sie nicht mitmachen wie die anderen auch.

7 Einer bleibt immer übrig: Jedesmal wenn Ihr Euch in kleine Gruppen aufteilt, um miteinander eine Aufgabe zu lösen oder miteinander zu spielen, bleibt Hans übrig. Niemand möchte ihn in der eigenen Gruppe haben, denn er ist so komisch; er ist anders als die andern, nicht sehr begabt und ganz unsportlich. Mit ihm zusammen kann man bei Wettkämpfen nur verlieren. Hans lacht auch selten, so daß es gar nicht lustig ist mit ihm zusammen.

8 Sie kommt und geht, wie es ihr gerade paßt: Lotte kommt meistens erst, wenn Ihr Euch schon in Gruppen aufgeteilt oder wenn Ihr mit dem Programm bereits angefangen habt. Ihr habt ihr schon oft gesagt, sie solle rechtzeitig kommen. Aber es nützt nichts, im Gegenteil. In letzter Zeit kam es oft vor, daß sie sogar mitten aus einer Gruppenarbeit oder einem Spiel davonlief. Am liebsten würdest Du zu ihr sagen: »Entweder machst du von allem Anfang an bis zum Schluß mit oder du brauchst gar nicht mehr zu kommen!«

Vor dem Richter 24

1 Art und Ort

Kleines Planspiel zum Thema »Verurteilen – Strafen«.

2 Vorbereitungen

Keine Vorbereitungen nötig.

3 Spielregel

- *Einführung:* Tagtäglich geschehen Dinge, die nicht geschehen dürften. Täglich verfangen sich Menschen – auch viele Jugendliche – in den Maschen des Gesetzesnetzes und müssen vor Gericht. Was bringen Urteile den betroffenen Menschen?
- *Situation:* Eine Bande Jugendlicher hatte ein Auto entwendet und damit eine Spritztour unternommen, ohne gültige Fahrausweise. Unterwegs bauten sie einen Unfall, und die Polizei entdeckte im Auto Gegenstände, die aus einem Einbruch stammten. Die Jugendlichen entpuppten sich somit auch als Einbrecherbande, die schon seit einiger Zeit ihr Unwesen getrieben hatte. Mindestens zehn Einbrüche konnte man ihnen anlasten, plus Entwenden eines Fahrzeuges, plus Fahren ohne gültigen Führerschein, plus Mißachten von Verkehrsvorschriften, plus Gefährdung von Menschenleben (beim Autounfall wurde eine Drittperson schwer verletzt). Diese Jugendlichen sollen nun verurteilt werden.
- *Parteien:* 1. Die schuldigen Jugendlichen, 2. Staatsanwalt, 3. Verteidiger, 4. Richter, 5. Eltern der Jugendlichen, 6. Lehrmeister/innen der Jugendlichen.
- Die Teilnehmer/innen teilen sich in 6 Gruppen/Parteien auf. Jede Gruppe vertritt eine Partei und bekommt bestimmte Aufgaben (siehe Beispiele).
- Die Parteien ziehen sich zur Beratung zurück und diskutieren in der Kleingruppe die gestellten Fragen. Sie formulieren ihre Anträge, die sie vor Gericht vertreten wollen.
- Das Gericht kommt zusammen. Die Anträge werden gestellt, und eine Verteidigungsrede wird gehalten. Die Richter müssen nun urteilen.
- Gespräch: Wie fühlt man sich als Anwalt, Verteidiger oder Richter?

4 Biblischer Bezug

Mt 7,1–2: Jesus sagt »Richtet nicht, damit ihr nicht gerichtet werdet! Denn mit welchem Gericht ihr richtet, mit dem werdet ihr gerichtet werden, und mit welchem Maß ihr meßt, mit dem wird euch gemessen werden.«

Beispiele

1 Die schuldigen Jugendlichen: Ihr kennt die Situation und wißt, daß Ihr mit einem harten Urteil rechnen müßt. – *Aufgabe:*
1. Formuliert eine Begründung für Euer Verhalten, das eventuell die Richter zur Milde lenken könnte. – Warum habt Ihr das getan? Was habt Ihr Euch dabei für Gedanken gemacht?
2. Sprecht über Eure Zukunft. Wie wird Eure Zukunft aussehen nach dem Gerichtsurteil? Wie werden sich die anderen Menschen Euch gegenüber verhalten?
3. Was könnten Jugendliche, die gestrauchelt sind, unternehmen, um wieder auf den richtigen Weg zurückzufinden? – Schreibt Eure Gedanken auf!

2 Staatsanwalt: Ihr kennt die Situation und müßt vor Gericht Anklage erheben gegen diese Jugendlichen. – *Aufgabe:*
1. Formuliert, warum sich diese Jugendlichen schuldig gemacht haben. Wem gegenüber sind sie schuldig?
2. Formuliert einen Strafantrag, den Ihr vor Gericht vertreten wollt. Wie müssen diese Jugendlichen bestraft werden?
3. Warum müssen diese Jugendlichen überhaupt bestraft werden?

3 Verteidiger: Ihr kennt die Situation und plädiert für diese Jugendlichen auf Freispruch. – *Aufgabe:*
1. Formuliert Eure Rede, die Ihr vor Gericht halten wollt und versucht damit, die anderen zu überzeugen, daß diese Jugendlichen nicht bestraft werden dürfen. Warum sollten sie nicht bestraft werden?
2. Überlegt, wie diese Jugendlichen den angerichteten Schaden wiedergutmachen könnten. Was wäre für die Zukunft der Jugendlichen der beste Weg?

4 Richter: Ihr kennt die Situation und müßt ein Gerichtsurteil über diese Jugendlichen sprechen. – *Aufgabe:*
1. Was ist der Sinn einer Strafe?
2. Überlegt Euch ein gerechtes Urteil über diese Jugendlichen. Wie soll die Strafe aussehen?
3. Nach dem Anhören der Staatsanwälte und der Verteidiger fällt Ihr den Urteilsspruch. Dieser Urteilsspruch muß nicht mit dem übereinstimmen, was Ihr in Frage 2 beschlossen habt. Überzeugt Euch die Anklage mehr oder die Verteidigung?

5 Eltern der Jugendlichen: Ihr kennt die Situation. Bis zum Unfall habt Ihr nichts gewußt vom Treiben Eurer Kinder. Ihr seid eingeladen, an der Gerichtsverhandlung teilzunehmen. – *Aufgabe:*

Diskutiert folgende Fragen und macht Notizen dazu: 1. Warum konnte es mit den eigenen Kindern soweit kommen? – 2. Was habt Ihr als Eltern eventuell falsch gemacht in der Erziehung? – 3. Warum habt Ihr vom Treiben Eurer Kinder so lange nichts gemerkt? – 4. Wie wollt Ihr Euch nun den Kindern gegenüber verhalten? Wie soll es weitergehen?

6 Lehrmeister und Lehrmeisterinnen der Jugendlichen: Ihr kennt die Situation. Bis zum Unfall habt Ihr nichts gewußt vom Treiben Eurer »Stifte«. Ihr seid eingeladen, an der Gerichtsverhandlung teilzunehmen. – *Aufgabe:* Diskutiert folgende Fragen und macht Notizen dazu: 1. Sind solche Stifte überhaupt tragbar für einen Lehrbetrieb? – 2. Was ist die Aufgabe eines Lehrmeisters, wenn ein Auszubildender straffällig geworden ist? Inwiefern kann ein/e Lehrmeister/in einem Azubi helfen? – 3. Geht es eine/n Lehrmeister/in überhaupt etwas an, was die Lehrlinge in der Freizeit treiben? Darf ein/e Lehrmeister/in einem Lehrling in die Freizeitgestaltung dreinreden?

Spaghetti einmal anders 25

1 Art und Ort

Bibelarbeit zum Gleichnis »Das große Gastmahl«. Dazu ist genügend Raum und eine Küche nötig, um eine festliche Tafel gestalten zu können.

2 Vorbereitungen

Räume reservieren. Lebensmittel einkaufen.

3 Spielregel

• Das Gleichnis nach *Mt* oder *Lk* möglichst spannend erzählen, wobei die Berufe und Menschengruppen durch heutige ersetzt werden sollten.

• Kurze Erläuterungen, daß auch wir immer wieder von Gott eingeladen sind, daß aber auch wir immer wieder Entschuldigungen auf Lager haben. Welche?

• *Die Einladung:* Ein Teil der Gruppe bereitet eine festliche Tafel vor und kocht das Abendessen (Spaghetti mit Sauce und Tee). Zeit: 1 Stunde.
Der größere Rest der Gruppe geht immer zu zweien auf die Straße und an die Haustüren und überbringt mündlich oder schriftlich die Einladungen der Gruppe, mit der Gruppe zusammen einen »Spaghetti-Plausch« zu erleben. – *Wichtig:* Genaue Zeit festlegen, wann das Essen beginnen soll. Miteinander wird beraten, welche Leute eingeladen werden sollen, damit es eine möglichst bunte Gesellschaft ergibt: z. B. Politiker, Gemeinde- und Kirchenratspräsidenten, Väter und Mütter, Lehrer, Behinderte, Handwerker, Polizisten und »Ausgeflippte«, Passanten und Gäste etc.
Damit es nicht zu Überschneidungen kommt, wird im voraus festgelegt, wer wen einlädt. Wenn möglich, so lange von Tür zu Tür gehen, bis jemand kommt und sich nicht entschuldigen läßt, damit das Fest wirklich stattfinden kann.

• Miteinander feiern. Den Gästen kurz erklären, was die Gruppe ist und macht und warum dieses »große Gastmahl« heute stattfindet.

4 Material

Spaghetti und Zutaten für die Sauce, Tee und Zucker; Tischdekoration.

5 Erfahrungen

Es kann für alle Beteiligten zu einem echten Erlebnis werden, wenn die Hemmungen plötzlich der Begeisterung für diese seltsame Gemeinschaft Platz machen.

6 Biblischer Bezug

Mt 22,1–10 oder *Lk 14,15–24*.

Briefkastenonkel und Briefkastentante

26

Frage- und Antwortspiel

1 Art und Ort
Ratgeber-Ecke in der Gruppe.

2 Vorbereitungen
Fragekärtchen und drei bis vier »Briefkästen« (Schuhschachteln) vorbereiten.

3 Spielregel
- *Einführung:* Alle haben Fragen, die sie gerne jemandem stellen möchten (vielleicht auch nur zum Jux), es aber bisher nicht gewagt haben. Diese Runde ist nun die einmalige Gelegenheit, auch persönlichste Fragen ganz unpersönlich zu stellen.
- Die Briefkästen werden aufgestellt.
- Jede/r Teilnehmer/in bekommt ein paar Fragekärtchen und Schreibzeug. Alle schreiben ihre Fragen auf die Kärtchen (ohne Namen). *Wichtig:* Es müssen immer so viele Kärtchen mit der gleichen Frage beschriftet werden, wie Briefkästen vorhanden sind, damit in jedem Briefkasten alle Fragen enthalten sind. Alle sollten mindestens zwei bis drei verschiedene Fragen in die Briefkästen einlegen.
- Die ganze Gruppe wird nun je nach Anzahl der Briefkästen durchnumeriert und in drei bis vier kleinere Gruppen aufgeteilt. Jede Gruppe bekommt nun einen Briefkasten, zieht sich zur Beratung zurück und spielt Briefkastenonkel und Briefkastentante. Die Fragen werden in der Kleingruppe vorgelesen und diskutiert, um dann auf die Rückseite eine Antwort zu schreiben. *Wichtig:* Für die Kleingruppen sollte je ein/e Gesprächsleiter/in bestimmt werden, damit ernsthafte Fragen nicht im Blödeln untergehen.
- Wenn alle Gruppen ihren Briefkasten durchgearbeitet haben, werden die Fragen und Antworten im Plenum reihum vorgelesen.

4 Material
Genügend Fragekärtchen schneiden. Schreibzeug für alle. Drei bis vier Briefkästen aus Schuhschachteln.

5 Erfahrungen
Ohne ihr eigenes Gesicht verlieren zu müssen, können Jugendliche so erfahren, wie die anderen in der Gruppe über ihre Probleme denken.

Typisch Frau – Typisch Mann 27

1 Art und Ort

Collage und Gesprächsrunde zum Thema: Was ist eigentlich typisch weiblich und was typisch männlich?

2 Vorbereitungen

Alte illustrierte Zeitungen besorgen. Collage-Bogen vorbereiten.

3 Spielregel

• Persönliche Einführung zum Thema (vgl. Gen 1,27).

• Die Teilnehmer/innen schließen sich zu kleinen Gruppen zusammen. (Wenn möglich, für einmal nach Geschlechtern getrennt.) Jede Gruppe bekommt einen Collage-Bogen, Illustrierte, Scheren, Leim. Größe des Collage-Bogens: 70 × 110 cm. – Auf jedem Collage-Bogen stehen die Umrisse einer Frau und eines Mannes.

• Jede Gruppe sucht in den Illustrierten Bilder, die sie als typisch weiblich oder typisch männlich betrachten und kleben sie in die betreffende Figur, bis die Figuren mit Bildern gefüllt und ein *typischer* Mann und eine *typische* Frau entstanden sind.

• Jede Gruppe überlegt sich, warum sie gewisse Bilder als typisch weiblich bezeichnet, andere als typisch männlich.

• Jede Gruppe stellt ihr »Paar« vor und erzählt dazu.

• Die »Paare« der Mädchengruppen mit den »Paaren« der Jungengruppen vergleichen. Welche Unterschiede gibt es?

• Plenumgsgespräch: Können die Figuren ausgetauscht werden? Was bleibt weiblich? Was bleibt sicher männlich?

• Die »Paare« im Gruppenraum ausstellen und einige Wochen als Zimmerschmuck hängen lassen.

4 Material

Alte Illustrierte, Zeitschriften. Collage-Bogen, Scheren und Leim.

5 Erfahrungen

Vorurteile gegenüber dem anderen Geschlecht können artikuliert werden.

6 Biblischer Bezug

Gen 1,27

Kleine Ursache – Große Wirkung

28

1 Art und Ort

Bibelarbeit zum Gleichnis vom Senfkorn (Mk 4,30–32).

2 Vorbereitungen

Gesprächsblatt kopieren.

3 Spielregel

• *Einführung:* Gleichnis in einer Rahmenerzählung vortragen. – *Ziel:* Was unscheinbar ist und oft übersehen wird, kann plötzlich eine ganz zentrale Bedeutung bekommen. Oder: Kleine Ursache – große Wirkung. Vergleiche: Das kleine Zündholz, das eine Katastrophe auslösen kann; die kleine Zunge, die Gemeinschaft, aber auch Trennung der Menschen bringen kann. Im Guten wie im Bösen kann man eine Lawine auslösen.

• Die Teilnehmer/innen schließen sich zu kleinen Gesprächsgruppen zusammen. Jede Gruppe bekommt das Gesprächsblatt mit den Fragen und sucht positive und negative Beispiele zum Thema »Kleine Ursache – große Wirkung«.

• Jugendliche haben meistens nur wenig Möglichkeiten und nur geringe Mittel, um etwas zu verändern oder zu beeinflussen. Jede Gruppe plant daher eine kleine Aktion, mit der ein Zeichen der Hoffnung in der Gruppe, in der Gemeinde oder in der Welt gesetzt werden kann. Für die Gruppe erscheint die geplante Aktion vielleicht so unbedeutend wie ein Senfkorn, für jemand anderes ist sie aber vielleicht so großartig wie eine Senfstaude.

• Die Aktionen werden im Plenum vorgestellt und gemeinsam versucht, zwei bis drei Vorschläge in die Tat umzusetzen.

• Die Antworten des Gesprächsblattes sind im Plenum austauschbar.

• Zusammenfassung: Kleiner Hinweis, daß bereits ein kleines Gottvertrauen sich zu einer großen Lebenskraft entwickeln kann.

4 Material

Gesprächsblätter; Schreibzeug.

5 Erfahrungen

Wenn Bibelarbeit etwas mit dem Alltag der Jugendlichen zu tun hat, machen sie auch mit; vor allem dann, wenn nachher noch ein wenig Zeit bleibt, um miteinander zu spielen oder Musik zu hören.

6 Biblischer Bezug

Mk 4,30–32

Gesprächsblatt

Überall im Leben begegnen wir immer wieder der Tatsache, daß etwas Kleines, eine kleine Aufmerksamkeit oder Unachtsamkeit, ein gutes Wort zur richtigen Zeit oder ein falsches zur falschen Zeit, eine gute Tat oder ein unüberlegter Blödsinn, große Folgen haben kann. – Zählt Beispiele auf, in denen eine kleine Ursache große Auswirkungen hatte.

1. In der eigenen Familie zu Hause
   - im guten Sinn
   - im schlechten Sinn
2. In der Schule
   - im guten Sinn
   - im schlechten Sinn
3. Auf der Straße, im Straßenverkehr
   - im guten Sinn
   - im schlechten Sinn
4. In der Natur, in der Umwelt
   - im guten Sinn
   - im schlechten Sinn
5. Beim Sport
   - im guten Sinn
   - im schlechten Sinn
6. Bei dem, was wir reden
   - im guten Sinn
   - im schlechten Sinn
7. In dem, wie wir unser Leben gestalten
   - im guten Sinn
   - im schlechten Sinn

Hilfe, ich habe Hemmungen

29

1 Art und Ort

Gesprächsrunde in Kleingruppen.

2 Vorbereitungen

Keine Vorbereitungen nötig.

3 Spielregel

- *Einführung ins Thema:* Mani Matters Lied »Hemmige« abspielen. Der/die Spielleiter/in spricht dabei über die eigenen Hemmungen, z. B. die Hemmung, vor eine neue Gruppe zu treten; die Hemmung, vor vielen Leuten zu reden; die Hemmung, etwas mit einer Gruppe zu machen, das man noch nie gemacht hat.
- Die Teilnehmer/innen schließen sich zu kleinen Gesprächsgruppen zusammen, Geschlechter gemischt.
- Jede Gruppe bekommt das Gesprächsblatt »Hemmungen« und verzieht sich in eine Ecke, um offen und möglichst ohne Hemmungen miteinander reden und Lösungen suchen zu können. Die Antworten werden aufgeschrieben (Ausnahme: Frage 1).
- Jede Gruppe bekommt den Auftrag, eine typische Situation zum Thema »Hilfe, ich habe Hemmungen« einzuüben und den anderen vorzuspielen (so können sie eventuell Hemmungen erleben und überwinden).
- Die Antworten des Gesprächsblattes können im Plenum ausgetauscht werden.

4 Material

Gesprächsblatt kopieren; Schreibzeug.

5 Erfahrungen

In der Pubertät können Hemmungen als sehr störend empfunden werden, und die Jugendlichen haben große Hemmungen, über ihre Hemmungen zu sprechen. In einem offenen Gespräch, in einer Kleingruppe, können Antworten gefunden werden, ohne daß man allzuviel von sich selbst preisgeben muß.

Gesprächsblatt

1. Hast Du auch schon Hemmungen gehabt? Wo?
   (Zu dieser Frage keine Antworten aufschreiben!)

2. Gibt es gute Hemmungen? Welche?

3. Gibt es schlechte Hemmungen? Welche?

4. Ein Freund oder eine Freundin kommt zu Dir und klagt über Hemmungen. Was würdest Du ihr/ihm antworten?

   - Ich habe Hemmungen, offen meine Meinung zu sagen.
   - Ich habe Hemmungen gegenüber Mädchen bzw. Jungen.
   - Ich habe Hemmungen zu sagen, daß ich noch bete.
   - Ich habe Hemmungen, einen Bekannten im Krankenhaus zu besuchen.
   - Ich habe Hemmungen, mit meinem künftigen Chef zu sprechen.
   - Ich habe Hemmungen, meinen Eltern meine Probleme zu erklären.
   - Ich habe Hemmungen, ein Mädchen/einen Jungen zum Tanz aufzufordern.
   - Ich habe Hemmungen, im Freien mein Badekleid/meine Badehose zu wechseln.
   - Ich habe Hemmungen, mich beim Arzt auszuziehen.
   - Ich habe Hemmungen, mit fremden Leuten zu reden.
   - Ich habe Hemmungen, mein Französisch/Englisch anzuwenden.
   - Ich habe Hemmungen, unter die Leute zu gehen.
   - Ich habe Hemmungen, ein auffälliges Kleid zu tragen.
   - Ich habe Hemmungen, mit dem Lehrer/in oder dem Pfarrer zu reden.
   - Ich habe Hemmungen, zu weinen.

Achtung: Sendung 30

1 Art und Ort

Filmabend mit kleinem Test: Wieviel können wir von dem, was wir sehen und hören, wirklich aufnehmen. Ermutigung, Filme bewußter anzuschauen.

2 Vorbereitungen

Zwei Kurzfilme bestellen. Karton-Oskar basteln. Filmprojektor oder Video reservieren. Filme aufmerksam anschauen.

3 Spielregel

• Der/die Spielleiter/in schaut sich die zwei Kurzfilme mehrmals an und achtet auf ganz spezielle Details, die nur kurz gezeigt oder gesagt werden (Bilder und Worte notieren). Diese speziellen Details zu Fragen verarbeiten (zirka 20 Fragen).

• Die beiden Kurzfilme den Teilnehmern/innen, ohne Einführung und ohne die Absicht zu erwähnen, vorführen, damit sie sich auch wie ganz normale TV-Konsumenten verhalten.

• *Kurze Einführung:* Jugendliche verbringen einen großen Teil ihrer Freizeit vor dem Fernsehapparat. Aber vieles läuft einfach vor den Augen ab und berieselt die Ohren, ohne daß sie es bewußt wahrnehmen.

• Notizpapier und Schreibzeug verteilen. Die vorbereiteten 20 Fragen zu den beiden Kurzfilmen stellen. Die Teilnehmer/innen schreiben die Antworten auf.

• Die aufgeschriebenen Antworten miteinander vergleichen.

• Die beiden Kurzfilme noch einmal anschauen.

• Wer am meisten Fragen richtig beantwortet hat, bekommt einen Karton-Oskar.

4 Material

Zwei Kurzfilme, 16 mm, oder Video. Papier und Schreibzeug für alle. Karton-Oskar.

5 Erfahrungen

Auch die Feststellung, wie oberflächlich die Filme angeschaut werden, wie man Filme über sich ergehen läßt, kann für Jugendliche zum Aha-Erlebnis werden.

6 Biblischer Bezug

Augen habt ihr und seht nicht *(Mk 8,18)*.
Wer Ohren hat, der höre *(Mt 11,15)*.

Ein Hunderter macht die Runde 31

Vom Umgang mit Geld

1 Art und Ort
Gesprächsrunde ums liebe Geld.

2 Vorbereitungen
Sich mit dem Thema »Geld« auseinandersetzen.

3 Spielregel
• *Einführung ins Thema:* Geld regiert die Welt. – Geld allein macht nicht glücklich, aber auch nicht ganz unglücklich. – Geld kann Menschen Hilfe bringen, aber es kann sie auch verderben. – Bezug auf Mt 6,24. – Kurzes Gespräch über den Umgang mit Geld.
• *Kleiner Wettbewerb:* Was würdest Du machen, wenn Du jetzt DM 100,– bekämst? – Die Gruppe bestimmt die beste Antwort.
• 5 bis 6 Teilnehmer/innen schließen sich zu einer Gruppe zusammen, um miteinander über den Weg unseres Geldes zu phantasieren. Denn das Geld, das durch unsere Hände geht, hat meistens schon eine lange Geschichte hinter sich.
Jede Gruppe bekommt nun eine einseitig (!) kopierte Hunderternote und erfindet dazu eine Geschichte, zeichnet den Weg auf, den diese Hunderternote hätte zurücklegen können. Diese Weg-Geschichte wird den andern vorgespielt oder erzählt. Wer erfindet die interessanteste, spannendste, verrückteste und lustigste Geschichte einer Hunderternote.
• Einander die Lebensgeschichten der Hunderternoten vorspielen.
• Kurze Zusammenfassung.

4 Material
Einseitig kopierte Hunderternoten; Papier und Schreibzeug.

5 Erfahrungen
Geld ist auch für Jugendliche etwas vom Wichtigsten. Darum helfen sie meistens gerne mit, über etwas so Wichtiges nachzudenken.

6 Biblischer Bezug
Mt 6,24

Liebe kann nicht abgewogen werden

32

1 Art und Ort

Papier-Patch-Work zum Gleichnis von den Arbeitern im Weinberg (Mt 20,1–6).

2 Vorbereitungen

Material besorgen. Thematische Vorbereitung.

3 Spielregel

• *Einführung ins Thema »Liebe«.* – Liebe: das größte aller Worte, das verheißungsvollste, das lebenswichtigste, aber das am meisten verratene Wort der Menschen. – Aufzeigen, was alles unter dem Schirm der Liebe Platz haben muß; eventuell mit Bildern. – Zeigen, daß Liebe lebenswichtig ist, vom ersten Tag an. – Gleichnis erzählen: Jeder Mensch bekommt von Gott/Christus immer die ganze Liebe; nicht der eine 10 Kilo und der andere bloß 1 Pfund. – Gottes Liebe gilt allen gleich; alle haben die gleiche Chance. Bei Gott/Christus zählt nicht die Leistung, sondern der Mensch.

• Statt nun über die Liebe zu reden, bis sie stirbt, wird Liebe gestaltet. Die Teilnehmer/innen schließen sich zu kleinen Gruppen zusammen. Jede Gruppe bekommt ein Blatt Zeichenpapier (ca. 50/70 cm), Photopapier in verschiedenen, leuchtenden Farben und Leim (pro Gruppe mindestens 3 Tuben). – Das Photopapier wird zu kleinen Papierschnitzeln zerrissen.

• *Aufgabe:* Jede Gruppe gestaltet ein Patch-Work, ein Papier-Mosaik zum Thema »Liebe«.

• Bilder einander vorstellen.

• Bilder im Gruppenraum aufhängen. Sie sind die sichtbare und farbige Erinnerung an unsere Liebe und an Gottes große Liebe.

4 Material

Pro Gruppe 1 Blatt Zeichenpapier (50/70 cm); Photopapier in verschiedenen Farben; 3 Tuben Klebstoff.

5 Erfahrungen

Gleichnisse lassen sich meistens gut aktualisieren und so spannend erzählen, daß auch der größte »Langweiler« zuhört. Die geklebten Bilder sind ein herrlicher Zimmerschmuck.

6 Biblischer Bezug

Mt 20,1–16

Seesturm 33

1 Art und Ort
Wortpuzzle und kleine Bibelarbeit zu Mk 4,35–41 (Die Jünger im Seesturm). Thema: Vertrauen.

2 Vorbereitungen
Thematische Vorbereitung.

3 Spielregel
• *Kurze Einführung:* Den Schwerpunkt für die Gruppenarbeit bildet das Puzzle, so daß die Einführung kurz sein darf. – Was ist Vertrauen? Vertrauen in wen oder was? – Gottvertrauen? Menschenvertrauen? Wann und wo ist Vertrauen notwendig? Wem dürfen wir vertrauen? – Größtes Vertrauen aus dem Glauben heraus: Menschen können mich fallen lassen, aber ich kann im Vertrauen auf Gott nie tiefer fallen als in seine Hände. Wenn alle Stricke reißen, Gottes Liebe bleibt.
• Biblische Geschichte erzählen.
• 4 bis 5 Teilnehmer/innen schließen sich zu einer Gruppe zusammen. Jede Gruppe bekommt ein Puzzle – die Geschichte von den Jüngern im Seesturm (Geschichte vorher so zerschneiden, daß auf jedem Zettel nur ein bis zwei Wörter stehen). – *Erklärung:* »Ein Sturmwind hat die Geschichte durcheinandergewirbelt. Es sieht hoffnungslos aus. Aber im Vertrauen aufs eigene Können und im Vertrauen auf die Zusammenarbeit mit der Gruppe kann die Geschichte wieder zusammengeflickt und geklebt werden.«
• Jede Gruppe macht sich mit einem Bogen Papier und Leim an die Arbeit. *Wichtig:* Die Bibel darf dabei nicht benützt werden!
• Alle lesen einander die neu geklebten Geschichten vor.

4 Material
Zerschnittene Geschichte. Leim und Papier.

5 Erfahrungen
Wird der »Seesturm« im Unterricht behandelt, muß das Gespräch über Vertrauen sicher ausgedehnt werden. Hier handelt es sich aber um ein Spiel mit einer biblischen Geschichte. Vielleicht erinnert gerade dieses Spiel an das Gottvertrauen.

6 Biblischer Bezug
Mk 4,35–41

Am Abend sagte Jesus zu seinen Jüngern: »Kommt, wir fahren zum anderen Ufer hinüber!« Die Jünger schickten die Menschenmenge weg. Dann stiegen sie ins Boot, in dem Jesus noch saß, und fuhren ab. Auch andere Boote fuhren mit. Da kam ein schwerer Sturm auf, so daß die Wellen über Bord schlugen. Das Boot füllte sich schon mit Wasser, Jesus aber schlief im Heck des Bootes auf einem Kissen. Die Jünger weckten ihn und riefen: »Kümmert es dich nicht, daß wir untergehen?«

Da stand Jesus auf, bedrohte den Wind und befahl dem tobenden See: »Still! Gib Ruhe!« Der Wind legte sich, und es wurde ganz still. »Warum habt ihr solche Angst?« fragte Jesus. »Habt ihr denn immer noch kein Vertrauen?« Da befiel sie große Furcht, und sie fragten sich: »Was ist das für ein Mensch, daß ihm sogar Wind und Wellen gehorchen!?«

Markus 4,35–41

Wenn alle gleich viel hätten

34

1 Art und Ort

Praktische Bibelarbeit zu Mt 25,14–30.

2 Vorbereitungen

Genügend Zweimarkstücke besorgen; theologische Auseinandersetzung mit dem Text.

3 Spielregel

- *Kurze Einführung:* Nicht jeder Mensch hat gleich viel, weiß gleich viel, kann gleich viel wie die anderen. Und auch wenn jeder Mensch von allem gleich viel hätte, würde nicht jeder das Gleiche damit anfangen. – Wenn z. B. alles Geld um 12.00 Uhr gleichmäßig an alle Menschen dieser Erde verteilt würde, hätten bereits um 12.15 Uhr nicht mehr alle gleich viel! Warum? – Ähnlich verhält es sich auch mit den andern Gaben und Begabungen.
- Erzählen der biblischen Geschichte.
- *Praxis:* Alle bekommen ein Zweimarkstück und 30 Minuten Zeit, allein oder mit anderen zusammen etwas zu unternehmen mit dem Ziel, am Ende mehr zu haben und auch mehr zu sein (innerliches Wohlbefinden) als am Anfang.
- Ergebnisse im Plenum bekanntgeben und allfällige Erlebnisse erzählen.
- Persönliche Fragen: Was mache ich mit dem, was ich habe, was ich weiß, was ich kann?

4 Material

Für jedes Gruppenmitglied ein Zweimarkstück (Zweifränkler).

5 Erfahrungen

Eine Dreiergruppe brachte mit ihrem Grundstock von SFr 6,– in 30 Minuten SFr 71,– zusammen für die Aktion »Denk an mich«. Ihr Sein und ihr Haben vermehrte sich somit in 30 Minuten um das Zwölffache!

Reportage 35

1 Art und Ort

Gruppenweises Erstellen einer Bild-Reportage.

2 Vorbereitungen

Alte Illustrierte suchen und die aussagekräftigsten Bilder herausschneiden.

3 Spielregel

4 bis 5 Teilnehmer/innen schließen sich zu einer Gruppe zusammen. Für jede Gruppe werden ca. 10 Bilder aus verschiedenen Zeitschriften in einen Briefumschlag gesteckt. Jede Gruppe zieht nun einen Briefumschlag mit Bildern und bekommt dazu eine Schere, Klebstoff, einen Bleistift und genügend Papier. – Mit all diesem Material versucht nun jede Gruppe, eine Reportage oder eine Bildergeschichte zu basteln bzw. zu erfinden. Die Gruppen reihen die Bilder so ein, daß es für sie einen gewissen Sinn ergibt und daß sie eine Geschichte dazu erfinden können. Sie kleben die Bilder in der richtigen Reihenfolge auf und schreiben ihre Geschichte oder Reportage als Bildlegende zu den Bildern. Damit hinterher alle die verschiedenen Bildergeschichten bewundern und bestaunen können, werden sie an den Wänden aufgehängt und nach Möglichkeit 2 bis 3 Wochen ausgestellt. – *Variante:* Der/die Spielleiter/in stellt ein Thema oder alle zusammen beschließen ein gemeinsames Thema.

4 Material

Bilder aus Zeitschriften, Klebstoff, Scheren, Bleistifte und Papier (auch Notizpapier).

5 Erfahrungen

Nicht alle phantasieren mit gleicher Begeisterung solche Reportagen oder Geschichten zusammen, aber gelesen und angeschaut werden sie meistens von allen mit Interesse.

6 Biblischer Bezug

Man kann auch eine biblische Geschichte auf diese Weise bebildern und vertexten.

Wir spielen Frieden 36

1 Art und Ort

Kleines Friedensspiel (Planspiel) im Gruppenraum.

2 Vorbereitungen

3 Spielregel

1 *Einführung mit folgender Geschichte:* Der russische Schriftsteller Marschak beobachtete einmal sechs- bis siebenjährige Kinder beim Spiel. »Was spielt ihr?« fragte er sie. »Wir spielen Krieg«, antworteten ihm die Kinder. Daraufhin erklärte ihnen der Schriftsteller: »Wie kann man nur Krieg spielen! Ihr wißt doch sicher, wie schlimm Krieg ist. Ihr solltet lieber Frieden spielen!« – »Das ist eine gute Idee«, sagten die Kinder. Dann Schweigen, Beratung, Tuscheln, wieder Schweigen. Da trat ein Kind vor und fragte: »Großväterchen, wie spielt man Frieden?«

2 Kurzes Gespräch: Wie spielt man Frieden?

3 *Schildern der Situation:* Wir befinden uns in einer Pfarrgemeinde, die in ihrem Budget DM 50000,– eingesetzt hat für die Friedensarbeit im In- und Ausland. In dieser Pfarrgemeinde gibt es verschiedene Interessensgruppen, die dem Pfarrgemeinderat Vorschläge unterbreiten, welche Projekte mit den DM 50000,– unterstützt werden sollen.

4 *Interessengruppen bilden:* Die Teilnehmer/innen können auswählen, in welcher Gruppe sie sich engagieren wollen. Die Gruppen müssen nicht alle gleich groß sein, denn auch in Wirklichkeit sind nicht alle kirchlichen Gruppen gleich groß und gleich stark.

1. Gruppe: Kampf gegen den Hunger in der Welt.
2. Gruppe: Kampf gegen Krankheiten und Armut in der Welt.
3. Gruppe: Kampf gegen Gewalt, Terror und Verrohung der Menschheit.
4. Gruppe: Kampf gegen die ungerechte Verteilung des Reichtums und gegen die Ausbeutung der Armen.
5. Gruppe: Kampf für die Freiheit der unterdrückten Völker in Ost und West (Kommunismus, Diktatoren etc).
6. Gruppe: Kampf gegen Angst und Sinnlosigkeit in unserer Gesellschaft.
7. Gruppe: Kampf für die Gleichberechtigung aller Menschen.

5 Jede Gruppe schreibt ihr Motto auf ein Plakat.

6 In jeder Gruppe wird nun die Projektliste (jede/r Teilnehmer/in sollte ein Exemplar besitzen) durchgesehen, darüber diskutiert und beschlossen, welche Projekte dem Pfarrgemeinderat vorgeschlagen werden sollen. Jede Gruppe muß darauf achten, daß ihre ganz spezifischen Anliegen berücksichtigt werden.

7 Pfarrgemeinderat: Nach den Gruppengesprächen trifft man sich im Plenum zur Pfarrversammlung. In der Versammlung gibt jede Gruppe ihre Ergebnisse bekannt. – Die Ergebnisse werden auf einem Plakat festgehalten. – Die Ergebnisse werden diskutiert, und schließlich wird über die einzelnen Anträge abgestimmt.

8 Gespräch nach der Pfarrversammlung: Warum hatten gerade diese Projekte in der Abstimmung die größeren Chancen? Warum hatten bestimmte Projekte keine Chance? – Wieviel wäre ich bereit zu zahlen?

9 Die Plakate mit den Mottos der Gruppen können als Raumdekoration oder im nächsten Gottesdienst als Anschauungsmaterial gebraucht werden.

4 Material

Notizpapier, Plakatbogen, Filzstifte, Bleistifte und Projektlisten.

5 Erfahrungen

Die Pfarrversammlung sollte vom Spielleiter präsidiert werden, da die Teilnehmer/innen in dieser Funktion bei größeren Gruppen meistens überfordert sind. Eine »gute« Versammlung ist jedoch für dieses Friedensspiel entscheidend.

6 Biblischer Bezug

Mt 25,31–46

Projektliste

1. Projekt: Frauenhaus

In der Hauptstadt soll ein Haus eröffnet werden, das geschlagenen Frauen und Müttern als Zufluchtsstätte dienen soll. Beteiligung: DM 10000,–.

2. Projekt: Jugendzentrum

Im Einzugsgebiet der Pfarrei soll ein Jugendzentrum eröffnet werden, in dem sich die Jugendlichen frei entfalten und treffen können. Dem Jugendzentrum soll eine Beraterstelle angegliedert werden. Beteiligung: DM 15000,–.

3. Projekt: Sinnvolles Kinderspielzeug

Die kirchlichen Jugendverbände möchten etwas gegen den Verkauf von Kriegsspielzeug tun. Sie planen eine Aktion. Für die Bereitstellung von sinnvollem Austausch-Spielzeug brauchen sie DM 15000,–.

4. Projekt: Kinderheim in der Dritten Welt

Ein Kinderhilfswerk plant die Errichtung eines Kinderheims für Kriegswaisen aus Ländern der Dritten Welt. Beteiligung: DM 20000,–.

5. Projekt: Schule in Flüchtlingslager

In einem Flüchtlingslager im Libanon soll eine Schule für Flüchtlingskinder errichtet werden, damit sie Sinnvolleres als Waffendrill lernen können. Beteiligung: DM 20000,–.

6. Projekt: Brunnenbauprogramm in der Sahelzone

Im Dürregebiet südlich der Sahara, in der Sahelzone, sollen mit der einheimischen Bevölkerung zusammen neue Brunnen und Bewässerungsanlagen gebaut werden. Beteiligung: DM 15000,–.

7. Projekt: Quartier-Treff für Ausländer und Einheimische

Damit sich die vielen Fremdarbeiter/innen und Flüchtlinge in unserer Gemeinde heimischer fühlen, soll ein Quartier-Treff eröffnet werden mit einer Cafeteria und einem Begegnungsraum für Einheimische und Ausländer. Beteiligung: DM 15000,–.

8. Projekt: Beratungsstelle für Kriegsdienstverweigerer

Im Amtsbezirk soll eine Beratungsstelle für Kriegsdienstverweigerer eröffnet werden, damit alle, die wegen Kriegsdienstverweigerung vor Gericht antreten müssen, während dieser Zeit begleitet und beraten werden können. Beteiligung: DM 10000,–.

9. Projekt: Werkstätten in Indien

In den ärmsten Gegenden Indiens sollen Werkstätten errichtet werden, damit junge Inder dort ein Handwerk erlernen und so zu einer gewissen Unabhängigkeit kommen können. Beteiligung: DM 15000,–.

10. Projekt: Waffenstillstandsverhandlungen
Um Waffenstillstandsverhandlungen zwischen zwei kriegführenden Parteien in Afrika zu ermöglichen, werden in Genf dringend Dolmetscher und Unterkünfte für die Unterhändler benötigt. Beteiligung: DM 20000,–.

11. Projekt: Aufklärungskampagne
Da die Weltbevölkerung jeden Tag beängstigend wächst, soll mit den Regierungen der bevölkerungsreichsten Staaten ein Programm ausgearbeitet werden, das Frauen und Männer zu einer verantwortlichen Geburtenkontrolle (Schwangerschaftsverhütung) führen kann. Beteiligung: DM 20000,–.

12. Projekt: Mobile Sanitätsstation
Um die Landbevölkerung in einem schwach besiedelten Teil Afrikas medizinisch besser versorgen zu können, soll eine medizinische Equipe (Ärztin, 2 Krankenschwestern) mit einer mobilen Sanitätsstation (ausgebauter Lieferwagen) ausgerüstet werden. Beteiligung: DM 20000,–.

13. Projekt: Renovierung der Flüchtlingswohnungen
Die vom Staat der Gemeinde zugeteilten Flüchtlinge wurden vorerst in einem recht baufälligen Haus untergebracht. Da ihr Aufenthalt nun viel länger dauern wird, als ursprünglich vorgesehen war, soll das Haus für die Flüchtlinge renoviert werden. Beteiligung: DM 20000,–.

14. Projekt: Finanzplatz Schweiz
Weil Schweizer Banken immer wieder Fluchtgeld aus der Dritten Welt annehmen und weil die Schweizer Banken mit dem Zinsgeschäft sogar in den ärmsten Ländern viel verdienen, soll ein Informationsblatt herausgegeben werden, um die Bevölkerung in der Schweiz darüber aufzuklären, wie sie ihr Geld anlegen könnte, ohne daß damit Geschäfte in der Dritten Welt getätigt werden. Beteiligung: DM 10000,–.

15. Projekt: Besuchergruppe für Alters- und Pflegeheime
Die kranken Menschen in den Alters- und Pflegeheimen fühlen sich oft einsam. Es sollen Gemeindemitglieder ausgebildet und ein Besucherdienst aufgezogen werden, damit sich weniger Menschen einsam fühlen müssen. Beteiligung: DM 2000,–.

16. Projekt: Südafrika
Die reformierte und katholische Kirche Südafrikas möchten eine Aktion starten, um mehr Schwarzen ein Hochschulstudium zu ermöglichen. Beteiligung: DM 20000,–.

17. Projekt: Beschäftigung für Arbeitslose
Die Arbeitslosen in der Gemeinde sollen zu einem angemessenen Lohn zur Pflege des kranken Waldes eingesetzt werden. Beteiligung: DM 15000,–.

Meine Lieblingsfarbe 37

Farbenlehre

1 Art und Ort

Kurzweilige Farbenlehre im Gruppenlokal.

2 Vorbereitungen

Material besorgen. Informationen sammeln über Farbsymbolik (z. B. Lüscher, Farb-Form-Test).

3 Spielregel

- *Kurze Einführung:* Was wäre unser Leben ohne Farbe. Aber Farben sind nicht einfach Farben. Jeder Farbe wird eine Bedeutung zugewiesen. Farben sagen manchmal sogar etwas aus über den Menschen, der sie trägt.
- Jeder Teilnehmer wählt sich ein Stück Kreppapier in der Lieblingsfarbe aus und bastelt sich damit einen Hut. Während der Farbauslese sollten die Teilnehmer möglichst wenig miteinander reden. Alle setzen sich den Hut auf.
- *Kurzes Gespräch:* Warum habt Ihr gerade diese Farbe gewählt? – Warum gefällt sie Euch? – Welche Farben wurden warum nicht gewählt? – Welche Farbe würdet Ihr nie tragen? Warum nicht?
- *Farben-Quiz:* Die farbigen Hüte und ihre Träger schließen sich zu Gruppen zusammen (rote Gruppe, grüne Gruppe etc.). Zu große Gruppen werden halbiert. Jede Gruppe bekommt eine orangefarbene, rote, blaue, grüne, gelbe, violette, braune, weiße, schwarze und graue Karte (A 6), um mit diesen Karten auf die gestellten Fragen zu antworten. Dann Fragen stellen. Die Antworten werden in den Gruppen besprochen, und als Antwort streckt ein Gruppenmitglied die entsprechende Farbkarte in die Höhe (so wird ein Stimmendurcheinander vermieden). Alle Gruppen, die die richtigen Karten hochhalten, bekommen einen Punkt, d. h. mehrere Gruppen können so pro Frage Punkte sammeln. Wer die meisten Punkte gesammelt hat, darf sich darüber freuen, die »bunteste Gruppe« zu sein.

4 Material

Kreppapier und Karten (A 6) in den Farben rot, orangefarben, gelb, grün, blau, violett, braun, grau, schwarz, weiß. Scheren und Stecknadeln.

5 Erfahrungen

Das Spiel sollte möglichst lustig und locker gestaltet werden, damit niemand wegen der Farben seiner Kleider in Verlegenheit gerät. Bei den Antworten im Farben-Quiz unbedingt darauf hinweisen: Es kann so sein, aber es muß nicht. Die Farben der Kleider werden ja heute oft von Modemachern bestimmt.

Farben-Quiz

1. Welche Farbe beruhigt am tiefsten? (blau) 2. Welche Farbe reizt am stärksten? (rot-orange) 3. Farbe der Treue? (blau) 4. Farbe des Ansehens und der Würde? (grün) 5. Farbe der Wandlung und des Abenteuers? (violett) 6. Farbe der Zauberei? (violett) 7. Farbe der Gemütlichkeit? (braun) 8. Farbe der Gesetzlosen (Anarchisten)? (schwarz) 9. Farbe der kraftvollen Stärke? (rot) 10. Farbe der Liebe? (rot) 11. Farbe der Falschheit? (gelb) 12. Farbe der Hoffnung? (grün) 13. Farbe der Homosexuellen? (rosa) 14. Farbe der Passivität? (braun) 15. Farbe der Neutralität? (grau) 16. Farbe der Männlichkeit? (rot) 17. Farbe der Weiblichkeit? (blau) 18. Farbe der Geschlechtslosigkeit? (violett) 19. Farbe des Heiligen Geistes? (rot; Feuer) 20. Welche Farbe trägt der Typ: »Tue recht und scheue niemand«? (grün) 21. Farbe der Trauer bei uns? (schwarz) 22. Farbe der Trauer in China? (violett) 23. Farbe der Befreiung? (gelb) 24. Farbe der Erlösung und Erleuchtung? (gelb) 25. Farbe der Eroberung und Macht? (rot) 26. Farbe der Geborgenheit? (blau) 27. Farbe der Harmonie und Verbundenheit? (blau) 28. Farbe der Beständigkeit? (grün) 29. Farbe des erotischen Charmes? (violett) 30. Farbe der Ewigkeit? (blau) 31. Welche Farbe kann ähnlich erregen wie rot? (grün) 32. Farbe Gottes? (weiß = Reinheit) 33. Farbe von Jesus Christus? (weiß = Reinheit) 34. Farbe der Wahrheit? (weiß) 35. Farbe, in der alles Licht aufgehoben ist? (schwarz) 36. Welche Farbe haben Kirche und Sexualität gemeinsam? (schwarz) 37. Farbe der Unschuld? (weiß) 38. Welche Farbe wird von Egoisten abgelehnt? (braun) 39. Bevorzugte Farbe der Kinder? (violett) 40. Bevorzugte Farbe des Alters? (grau; schwarz) 41. Farbe der absoluten Freiheit? (weiß) 42. Welches ist die hellste bunte Farbe? (gelb) 43. Betonung der Distanz zu anderen? (grau, »die graue Eminenz«) 44. Farbe für Fernweh, weite Reisen, fliegen? (gelb) 45. Farbe des absoluten Neins – totale Ablehnung? (schwarz) 46. Farbe der Heiligen? (weiß) 47. Farbe der Aufrichtigkeit? (weiß = weiße Fahne) 48. Farbe der Diktatoren? (schwarz) 49. Wie macht man grün? (blau + gelb) 50. Wie macht man orange? (rot + gelb) 51. Wie macht man violett? (rot + blau) 52. Wie macht man braun? (orange + grau)

Vorurteile 38

1 Ort und Art
Gruppenarbeit im Raum.

2 Vorbereitungen
Vorlagen kopieren.

3 Spielregel
• *Kurze Einleitung:* Unser Leben ist voll von Verallgemeinerungen, voll von Vorurteilen, obwohl jede/r meint, er/sie habe keine.
• 4 bis 5 Teilnehmer schließen sich zu einer Gesprächsgruppe zusammen. Jede Gruppe bekommt die 3 Blätter »Vorurteile«, sammelt Verallgemeinerungen und schreibt sie in die entsprechenden Figuren.
• Gesammelte Vorurteile im Plenum vorstellen, d. h. aufzeigen, daß unser Leben tatsächlich voll von Vorurteilen ist.
• Mögliche Fragen für ein weiterführendes Gespräch: Woher kommen diese Vorurteile? – Was sind eigentlich Vorurteile? (Vorurteile sind Verallgemeinerungen, die wir ungeprüft übernehmen.) – Wie wirken Vorurteile? (Sie legen den anderen Fesseln an.) – Warum sind Vorurteile so bequem? – Welche Möglichkeiten gibt es, Vorurteile abzubauen?
• Hinweis, wie Jesus mit Vorurteilen umging.

4 Material
Bleistifte, Kopiervorlagen.

5 Erfahrungen
Bei großen Gruppen kann es schwierig werden, ein Gespräch im Plenum zu führen. Die möglichen Fragen für das weiterführende Gespräch können in diesem Fall als Fragen in die Kleingruppen mitgegeben werden.

6 Biblischer Bezug
Jesus und die Ehebrecherin (Joh 8,1–11). Ein Vorurteil der frommen Leute zur Zeit Jesu hieß: Dieser Jesus solidarisiert sich mit Sündern und Gesetzesbrechern. Er kann also nicht Gottes Sohn sein, denn Gott und das Widergöttliche (brechen der Gesetze) schließen sich aus. Das Verhalten Jesu zeigt uns im Umgang mit Vorurteilen:

- bei Vorurteilen nicht mitmachen, sondern schweigen.
- andere überzeugen, das eigene Gewissen zu überprüfen, statt Steine zu werfen.
- den Mitmenschen *immer wieder* eine Chance geben (auch wenn sie Fehler gemacht haben wie die Ehebrecherin), statt sie mit Vorurteilen zu belegen.

Vorurteile 1

Man sagt, ... seien ....!

die Kinder... die Jugendlichen... die Alten... die Frauen...

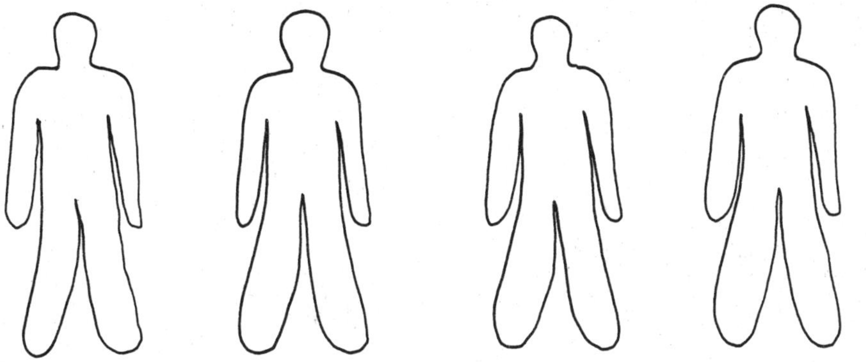

die Männer die Primarschüler die Sekundarschüler die Studenten

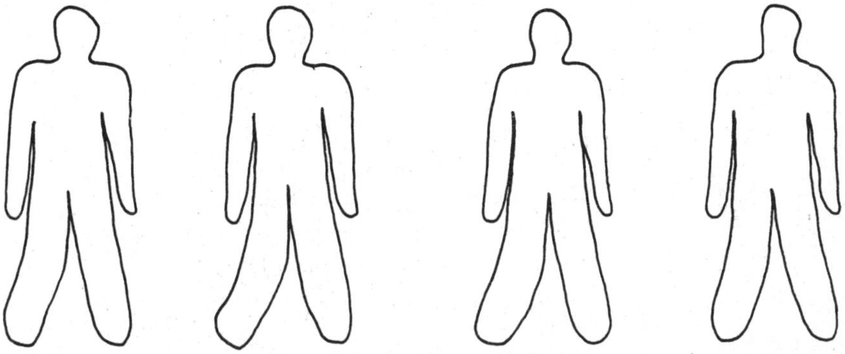

die Arbeiter die Lehrer die Polizisten die Eltern

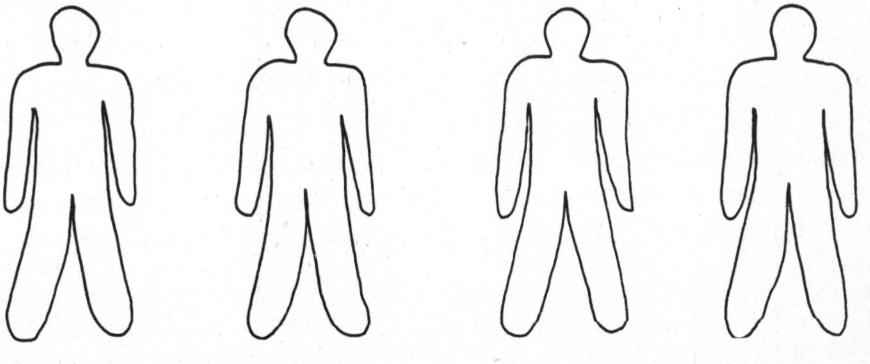

Vorurteile 2

Man sagt, ... seien ....!

die Geschiedenen

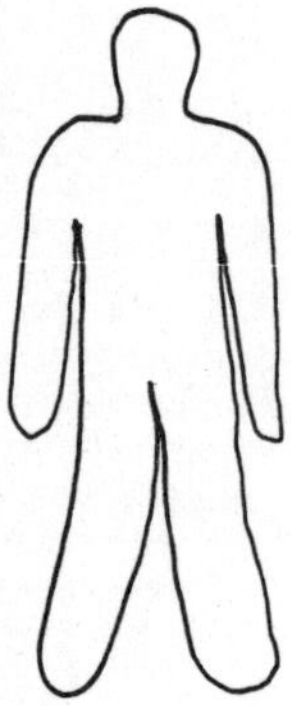

die Pfarrer

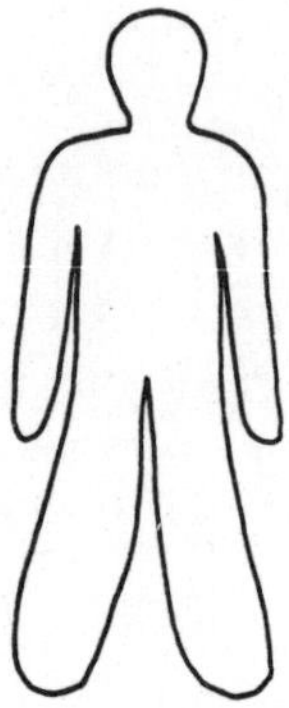

die Tamilen

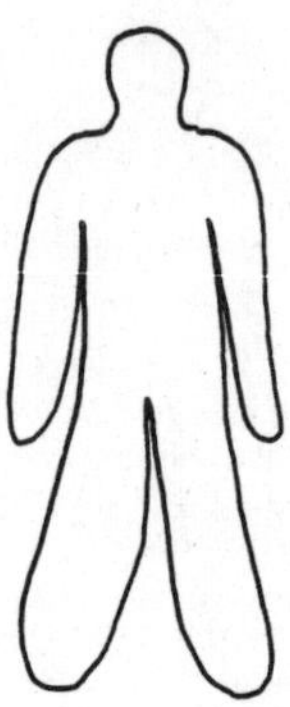

die Juden

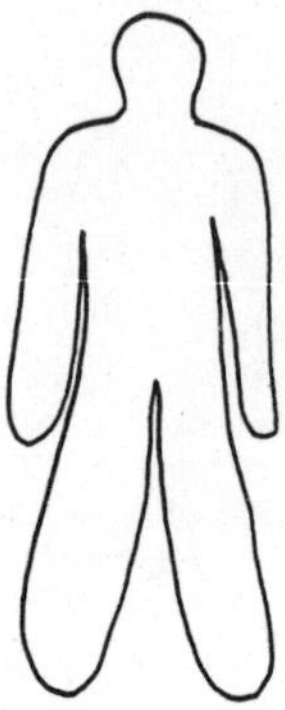

die Frauen am Steuer

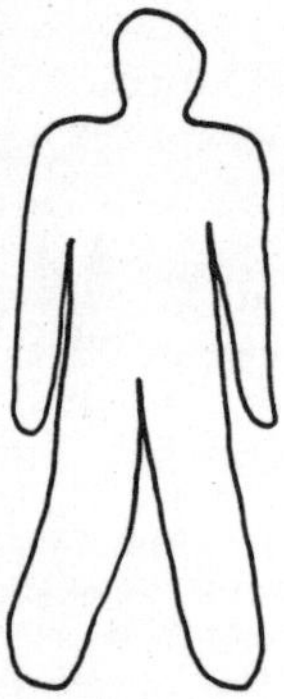

die Offiziere

die Kriegsdienst-verweigerer

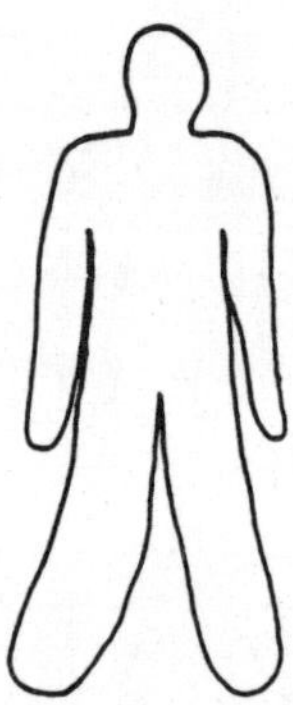

die Flüchtlinge

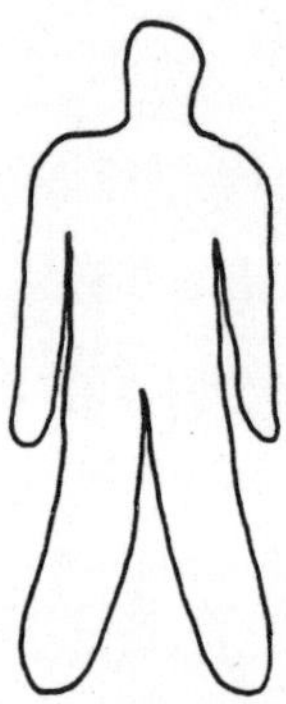

die Deutschen

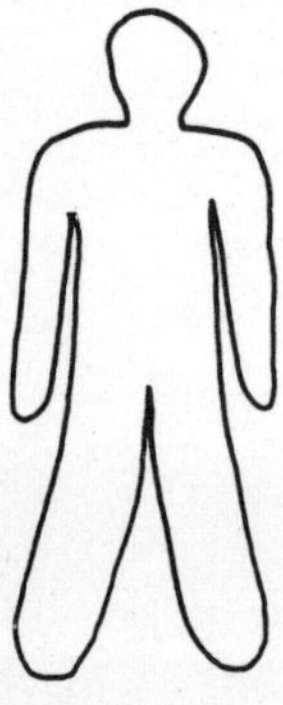

die Österreicher

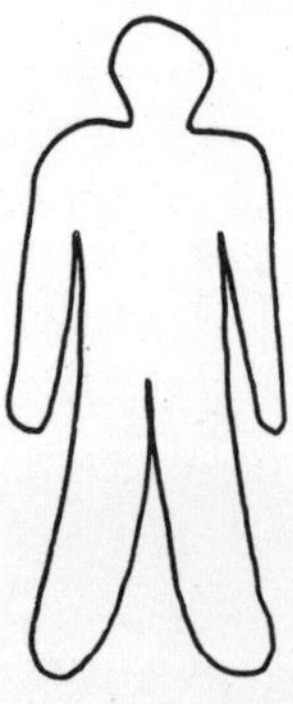

die Italiener

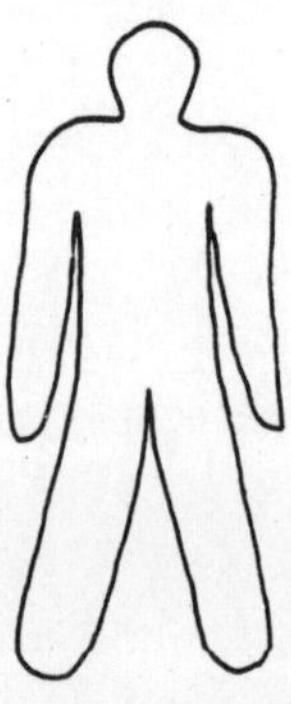

die Schweizer

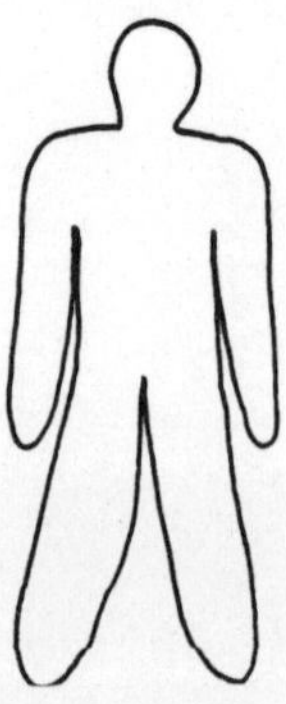

Vorurteile 3

Man sagt, ... seien ....!

die Hausfrauen

die Behinderten

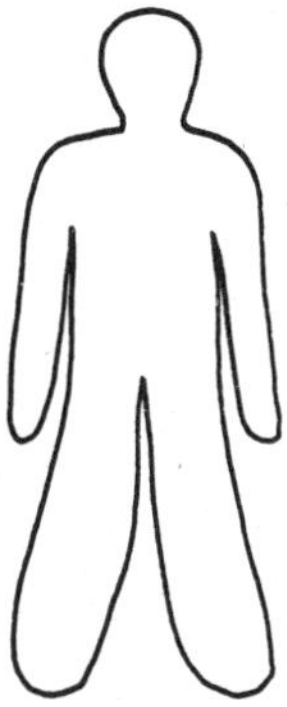

die Industriellen

die Singles

die Drogenabhängigen

die »Grünen«

die Politiker

die Konservativen

die gläubigen Christen

die Homosexuellen

die Geschäftsleute

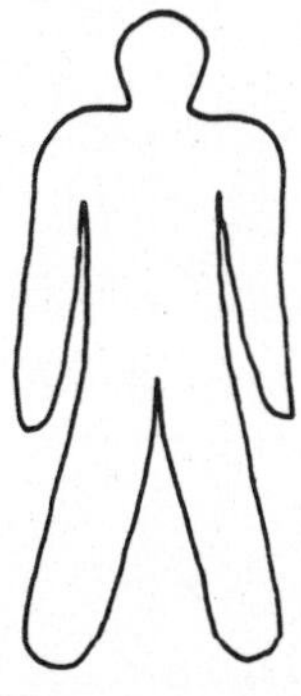

die Beamten

Wir engagieren uns 39

1 Art und Ort

Flugblatt-Aktion: Selbst ein Flugblatt entwerfen, herstellen und verteilen.

2 Vorbereitungen

Keine Vorbereitung nötig.

3 Spielregel

• *Einführung:* In jeder Gegend gibt es etwas, wofür es lohnt, sich einzusetzen, wofür man sich engagieren sollte. *Beispiele:* Flüchtlinge in der BRD; Ausländer unter uns; gegen den Hunger in der Dritten Welt; gegen die Zerstörung des Lebensraumes; für eine »jugendlichere Kirche«; Fußgängerzonen; Jugendtreffpunkte etc.
• Die ganze Gruppe diskutiert die brennenden Probleme und beschließt miteinander, wofür sie sich engagieren will.
• 3 bis 4 Teilnehmer/innen schließen sich zu einer Arbeitsgruppe zusammen und entwerfen ein Flugblatt zum gestellten Problem.
• Die Entwürfe werden im Plenum besprochen und juriert. Zwei der besten und eindrücklichsten werden schließlich kopiert (Umweltschutzpapier) und in die Briefkästen des Ortes oder an Passanten verteilt. – Wichtig: Auf dem Flugblatt muß gut ersichtlich sein, welche Gruppe dahintersteht.

4 Material

Papier und Schreibzeug, Radiergummi, Filzstifte.

5 Erfahrungen

Wenn man nur eine kleine Auflage kopieren kann, sollten die Flugblätter an Passanten verteilt oder den Eltern und Bekannten nach Hause gebracht werden.

6 Biblischer Bezug

Mt 5,13–16: Ihr seid das Salz der Erde. Ihr seid das Licht der Welt.

Redakteur/Redakteurin gesucht

40

1 Art und Ort

Leserbriefe redigieren.

2 Vorbereitungen

Keine Vorbereitungen nötig.

3 Spielregel

- *Einführung:* Als Gruppe einmal zu einem aktuellen Thema Stellung nehmen, indem Leserbriefe an die Zeitungen geschickt werden. An aktuellen Fragen fehlt es nicht. *Beispiele:* Jugendtreffpunkte; Sportanlagen; Flüchtlinge in der BRD/Schweiz/Österreich; verstopfte Straßen; sterbender Wald; Zerstörung des Lebensraumes; Platz der Jugend in der Kirche etc.
- Mit der Gruppe eine Liste erstellen von all den Fragen, die zur Zeit die Menschen aufrütteln. Im Gespräch sich auf ein ganz brennendes und für die Jugendlichen wichtiges Thema einigen und das Thema miteinander besprechen.
- 3 bis 4 Teilnehmer/innen schließen sich zu einem Redaktions-Team zusammen und entwerfen einen möglichen Leserbrief über das gewählte Thema.
- Sämtliche Entwürfe im Plenum miteinander besprechen und sich schließlich auf einen Text einigen, indem er noch mit dem Fehlenden ergänzt wird.
- Diesen Leserbrief im Namen der Gruppe an alle Zeitungen senden, die in der Region gelesen werden.
- Prüfen, ob der Leserbrief in den Zeitungen erscheint. Wenn ja, dann die Augen auf, um mögliche Reaktionen einzufangen.

4 Material

Papier, Schreibzeug und Radiergummi.

5 Erfahrungen

Jugendliche diskutieren manchmal nicht so gerne »ins Leere«. Mit der Absicht, einen Leserbrief zu verfassen, kann das Gespräch über ein aktuelles Thema ein bißchen verbindlicher werden.

»Hürden« für den sportlichen Abend

Erste Hürde: Warum dreht sich für so viele Menschen fast alles nur um Sport?

Zweite Hürde: Was bringt es Dir, Sport zu treiben?

Dritte Hürde: Alle rufen: »Wir wollen fairen Sport!« – Was empfiehlst Du aus diesem Grund den aktiven Sportlern?

Vierte Hürde: Alle rufen: »Wir wollen fairen Sport!« – Was empfiehlst Du aus diesem Grund den Zuschauern?

Fünfte Hürde: Als der Läufer zusammenbrach, standen die Trainer ratlos. Sie hatten alles trainiert, nur nicht die Niederlage. *Kurt Bartsch*
Wie kann die Niederlage im Sport, aber auch im Leben trainiert werden?

Sechste Hürde: Was haben Sport und Glauben miteinander zu tun?

Siebte Hürde: Zwei Sportler beten vor einem Wettkampf für den Sieg. Aber nur einer kann siegen. Wie soll sich Gott verhalten, wenn er Gebete wirklich erhört? – Wofür soll man vor einem Wettkampf überhaupt beten?

Achte Hürde: Was ist Dir in Deinem Leben am wichtigsten, am zweitwichtigsten und am drittwichtigsten?

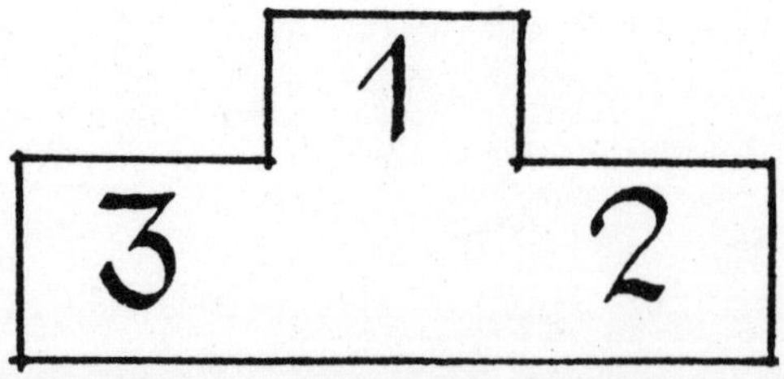

Sport – Sport – Sport 41

1 Art und Ort

Sportlicher Hürdenlauf, wobei die »Hürden« nicht übersprungen, sondern beantwortet werden müssen.

2 Vorbereitungen

Postenchefs aufbieten und orientieren. Rundstrecke kennzeichnen. Getränke und Verpflegung besorgen.

3 Spielregel

- *Einführung:* Sport bestimmt unser Leben und hat einen enorm hohen Stellenwert in Gesellschaft und Wirtschaft. – Über etwas so Zentrales muß gesprochen werden, wenn nicht der Sport unser Leben ganz bestimmen will.
- Statt eine trockene Gesprächsrunde zu starten, wird zu einem echten Rundrennen gestartet. Strecke: ca. 5 km, gut markiert und erklärt. Auf dieser Rundstrecke müssen *acht* »Hürden« genommen werden, d. h. in gleichmäßigem Abstand sind gut sichtbare Posten aufgestellt, die alle entscheidende Fragen stellen.
- Alle Teilnehmer/innen starten einzeln. Die Zeit wird gestoppt, d. h. man muß schnell laufen und die Fragen schnell beantworten, wenn man siegen will. Wer jeweils die Frage beantwortet hat, darf sein Rennen fortsetzen – bis zur nächsten »Hürde«. Wichtig: Mindestens 3 Minuten Abstand beim Start, damit es bei den »Hürden« kein Gedränge gibt.
- Die Postenchefs notieren sich die Antworten und geben bei der Preisverteilung die Ergebnisse bekannt.
- Die drei Schnellsten dürfen zur Belohnung an der Siegerehrung ihren Preis (Getränke und Verpflegung) mit den anderen teilen. An der Siegerehrung sollten auch die interessantesten Antworten bekanntgegeben werden.

4 Material

Getränke und Verpflegung, damit es wirklich wie an einem Sportanlaß zugeht. – Postenblätter und Schreibzeug für die Postenchefs.

5 Erfahrungen

Die Teilnehmer/innen darauf aufmerksam machen, daß es ratsam ist, für diesen Anlaß Turnkleidung mitzunehmen. Der/die Spielleiter/in sammelt die Antworten der »Hürden« und verfaßt einen »Sport-Bericht« für alle Teilnehmer/innen.

Begegnung mit Behinderten

42

1 Art und Ort

Versuch, die Behinderten als unsere Mitmenschen zu verstehen und ernst zu nehmen. Fortsetzung dieses Versuchs siehe »Behinderte Mitmenschen«.

2 Vorbereitungen

Persönliche Auseinandersetzung mit den Problemen der behinderten Mitmenschen.

3 Spielregel

- Alle Teilnehmer/innen füllen den Test aus, um zu erfahren, ob wir für die Behinderten eine Behinderung sind. Gemeinsames Gespräch über die Testfragen.

Wichtig: Unser Verhalten gegenüber den behinderten Mitmenschen kann ihr größtes Hindernis sein.

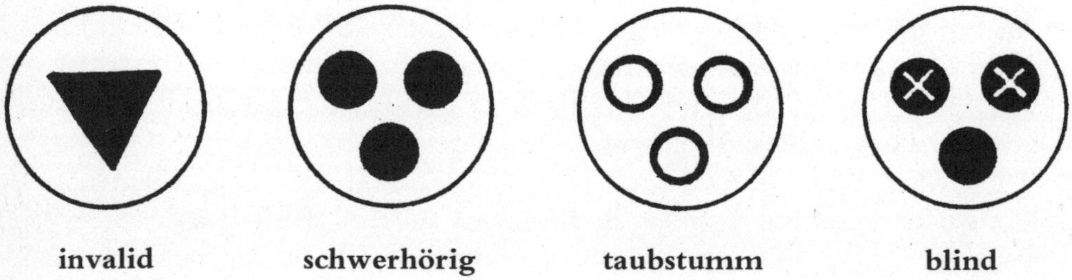

- Gespräch in Gruppen über den Umgang mit Behinderten.

Geistig-Behinderte
Was ist eine geistige Behinderung? – Wie muß ich mich geistig-behinderten Mitmenschen gegenüber verhalten?
Einfach und klar reden. Vormachen, statt lange zu erklären. Aufträge präzis erteilen, nur einen auf einmal. Aufgaben in Teilarbeiten aufgliedern. Darauf gefaßt sein, daß alles Neue oft wiederholt werden muß. – Geistig Behin-

derte können ihr Tun nicht steuern wie wir. Ihr Gemüt ist jedoch für Güte und Verständnis ebenso empfänglich wie das unsere. – Für geistig behinderte Kinder ist eine gute Erziehung doppelt wichtig. Sie bedeutet liebevolles, geduldiges, aber unablässiges und konsequentes Vorbereiten auf die Anforderungen des täglichen Lebens.

Körper-Behinderte

Was ist eine körperliche Behinderung? – Wie muß ich mich körperlich behinderten Mitmenschen gegenüber verhalten?

Wer helfen will, soll den betreffenden Menschen zuerst fragen. Beim Gehen das Tempo dem Behinderten anpassen. Für das Gespräch mit einem Rollstuhlbenützer möglichst auch sitzen. – Handbehinderten Hilfe anbieten beim Bedienen von Türen, beim Öffnen von Flaschen und Büchsen, beim Brot- und Fleischschneiden; Gehbehinderten beistehen im Gedränge, beim Treppensteigen, beim Tragen von Gepäck oder in Schnee und Eis. – Eine körperliche Behinderung sieht oft schlimmer aus, als sie ist. Den meisten Bewegungsbehinderten ist viel mehr möglich als man meint. – Für körperbehinderte Kinder gilt das ganz besonders. Daher das Kind nie bedienen, wenn es etwas selbst tun möchte. Im Gegenteil, das Kind ermuntern, ihm Zeit und Gelegenheit dazu zu geben. Sogar wenn es hinfällt, nicht unnötigerweise aufstehen helfen, sofern keine akute Notwendigkeit besteht.

Schwerhörige

Was ist Schwerhörigkeit? – Wie muß ich mich schwerhörigen Mitmenschen gegenüber verhalten?

Sich dem Schwerhörigen direkt gegenüberstellen, so daß Licht auf mein Gesicht fällt. Langsam, normal laut, deutlich, aber ohne Übertreibung sprechen. Stichworte aufschreiben, wenn es um wichtige Dinge oder ein kompliziertes Thema geht. In einer größeren Menschengruppe dafür sorgen, daß der Schwerhörige den Faden nicht verliert. Ein Hörapparat ersetzt häufig das ausfallende Hörvermögen nur teilweise. Er macht das Ablesen von meinen Lippen nicht überflüssig. – Ein schwerhöriges Kind kann nur gehorchen, wenn es verstanden hat. Sich stets vergewissern, ob es wichtige Anweisungen gehört hat.

Gehörlose

Was ist Gehörlosigkeit? – Wie muß ich mich gehörlosen Mitmenschen gegenüber verhalten?

Dieselben Sprechregeln beachten wie für Schwerhörige. – Hochsprache und in ganz einfachen Sätzen sprechen. Bei einer Arbeitsanweisung zuerst vormachen, dann erklären, da der Gehörlose nicht gleichzeitig auf die Arbeit und meinen Mund schauen kann! Gehörlose müssen jedes Wort

– wie wir eine Fremdsprache – einzeln lernen und haben deshalb einen verhältnismäßig kleinen Wortschatz. Das gehörlose Kind lernt mit viel Eifer und großer Anstrengung sprechen. Ihm also Gelegenheit geben, die erworbene Lautsprache zu üben. Mit ihm sprechen, vor allem aber auch ihm zuhören.

Sprachgebrechliche

Was ist Sprachgebrechlichkeit? – Wie muß ich mich sprachgebrechlichen Mitmenschen gegenüber verhalten?

Selber korrekt, nicht »kindisch« reden. – Dem sprachgebrechlichen Kind ruhig zuhören. Es nicht wiederholen lassen, wenn ihm ein Fehler passiert, außer wenn der Sprachheillehrer es wünscht. Konsequent und gerecht sein in der ganzen Erziehung. Für die Heilung eines Sprachgebrechens hängt recht viel vom Verhalten der Umgebung des Kindes ab.

Blinde

Was ist Blindheit? – Wie muß ich mich einem blinden Mitmenschen gegenüber verhalten?

Man darf auch einem Blinden gegenüber ruhig vom Sehen sprechen. Sich beim Gehen vom Blinden einhängen lassen, nicht umgekehrt! Mitteilen, wenn ein Randstein, eine Treppe kommt. Einen Blinden mit Führhund nicht am Arm nehmen, ihn machen lassen, wenn er seinem Hund Anweisungen gibt. Gegenstände, zum Beispiel einen freien Stuhl, zeigen, indem ich die Hand des Blinden führe. Sagen, was es zu essen gibt, fragen, was ich schöpfen soll. Brot anbieten und das Fleisch zerschneiden. – Ein Blinder kann mich nur erkennen, wenn ich ihn anspreche: Zuerst seinen Namen nennen, dann den eigenen. – Das blinde Kind lernt nur Dinge richtig kennen, die es anfassen darf. Daher ein sehbehindertes Kind bewußt und gezielt zu möglichst vielen Gegenständen, Tieren und Pflanzen hinführen und es mit den Händen »sehen« lehren.

4 Material

Test und Schreibzeug.

5 Erfahrungen

Genügend Mitleiter einsetzen und auf die Thematik vorbereiten, damit der Test und die Gespräche in kleinen Gruppen geführt werden können.

6 Biblischer Bezug

Jesus heilte viele Menschen; er ging den Behinderten nicht aus dem Weg, damit wir heute klar sehen, wo unser Weg hinführt. Heilungsgeschichten im Neuen Testament.

Test: Begegnung mit Behinderten

Versuche beim Ausfüllen dieses Testes so ehrlich wie möglich zu sein!

1. Ist Dir die Anwesenheit einer behinderten Person peinlich?	ja / nein
2. Vermutest Du, daß ein körperbehinderter Mensch auch geistig ein wenig behindert ist?	ja / nein
3. Kannst Du drei behinderte Mitmenschen mit Namen nennen?	ja / nein
4. Kennst Du die Probleme, die viele Behinderte haben, wenn sie öffentliche Verkehrsmittel oder öffentliche Gebäude benützen?	ja / nein
5. Ertappst Du Dich hin und wieder, daß Du behinderte Menschen weniger ernst nimmst als nichtbehinderte?	ja / nein
6. Wenn ein Gruppenmitglied behindert wäre, würdest Du ihm/ihr dann ein bißchen aus dem Weg gehen?	ja / nein
7. Wenn eine behinderte Person zu einem bestimmten Anlaß dabei ist, würdest Du ihr besondere Aufmerksamkeit schenken?	ja / nein
8. Wenn im Zug/U-Bahn etc. noch zwei Plätze frei sind, einer neben einer behinderten Person und einer neben einer nichtbehinderten, würdest Du den zweiten wählen?	ja / nein
9. Würdest Du eine behinderte Person zum Tanzen einladen?	ja / nein
10. Wie sieht das Zeichen der invaliden Menschen aus?	
11. Wie sieht das Zeichen der schwerhörigen Menschen aus? Wie das Zeichen der taubstummen Menschen?	
12. Wie sieht das Zeichen der blinden Menschen aus?	

Behinderte Mitmenschen 43

1 Art und Ort

Versuch, die Schwierigkeiten unserer behinderten Mitmenschen ein bißchen besser zu verstehen (Fortsetzung »Begegnung mit Behinderten«).

2 Vorbereitungen

Postenchefs gut auf ihre Aufgabe und das Gespräch vorbereiten. Persönliche thematische Vorbereitung.

3 Spielregel

• ***Einführung:*** Leiden gehört zum Menschsein. Jeder Mensch muß daher bereit sein, selbst Leiden zu tragen oder am Leiden der Mitmenschen mitzutragen, u.a. auch, indem man bereit ist, sich mit den Problemen und Schwierigkeiten der behinderten Menschen auseinanderzusetzen. – Gesunde Menschen wissen viel zu wenig, was sie haben.

• ***Postenarbeit:*** Die Teilnehmer/innen teilen sich in vier Gruppen auf und verteilen sich auf vier Posten. Nach einer bestimmten Zeit werden die Posten gewechselt. Auf jedem Posten sollte ein kompetenter Postenchef sein.

1. Posten: Der blinde Mitmensch
Frage: Welches sind die Hauptschwierigkeiten der blinden Mitmenschen? Wie soll ich mich ihnen gegenüber verhalten? *Aufgabe:* Der Hälfte der Gruppe werden die Augen verbunden, so daß sie nichts mehr sehen können. Die andere Hälfte macht mit den »Blinden« einen Spaziergang durchs Haus und über die Straße. Nachher wird gewechselt und den »Führern« werden die Augen verbunden. – *Frage:* Wie fühlt man sich als »Blinder«?

2. Posten: Der körperbehinderte Mitmensch
Frage: Welche Körperbehinderungen kennt ihr? – Welches sind die Hauptschwierigkeiten der körperbehinderten Mitmenschen? – *Aufgabe:* Allen Gruppenmitgliedern wird die rechte Hand (bei Linkshändern die linke) mit Heftpflaster zu einer Faust zusammengeklebt. Mit dieser »verstümmelten« Hand müssen nun alle die Schuhe und wenn möglich einige Kleidungsstücke aus- und wieder anziehen und dann einen kurzen Brief schreiben. – *Frage:* Wie fühlt man sich als körperbehinderter Mensch?

3. Posten: Der stumme Mitmensch
Frage: Was sind die Hauptschwierigkeiten stummer Mitmenschen? – Worauf muß ich ganz besonders achten, wenn ich mit ihnen zusammenkomme? *Aufgabe:* Der Hälfte der Gruppe wird der Mund mit Heftpflaster zugeklebt, so daß sie nicht mehr sprechen können. Immer zwei, ein »Stummer« und ein »Redender« versuchen nun miteinander über ihre Hobbys zu sprechen. Nach einer bestimmten Zeit wird gewechselt. *Frage:* wie fühlt man sich, wenn man nicht mehr sprechen kann?

4. Posten: Der gehörlose Mitmensch
Frage: Welches sind die Hauptschwierigkeiten der gehörlosen Mitmenschen? Worauf muß ich besonders achten, wenn ich einem gehörlosen Mitmenschen begegne? – *Aufgabe:* Der Hälfte der Gruppe werden die Ohren mit Watte und Heftpflaster so gut abgedichtet, daß sie fast nichts mehr hören (schwierig). Immer zwei – ein »Gehörloser« und ein »Hörender« – versuchen nun miteinander ein Gespräch über die Ferien zu führen. Der »Hörende« darf dabei nur flüstern. Nach einer bestimmten Zeit werden die Rollen getauscht. – *Frage:* Wie fühlt man sich als »gehörloser« Mensch?

4 Material

Genügend Heftpflaster; Watte; Papier und Schreibzeug.

5 Erfahrungen

Die Gesundheit, die wir so oft als Selbstverständlichkeit hinnehmen, kann nach einem solchen Abend wieder bewußter genossen werden. Eine gewisse Dankbarkeit kann plötzlich aufkommen. Für dieses Thema sollte genügend Zeit eingeplant werden!

6 Biblischer Bezug

Alle Heilungsgeschichten zeigen uns ganz klar den Auftrag gegenüber den leidenden Mitmenschen.

Meine Zeit – Unsere Zeit 44

1 Art und Ort

Gesprächs- und Spielabend über den Umgang mit unserem »kostbarsten Gut«, der Zeit.

2 Vorbereitungen

Keine Vorbereitungen nötig.

3 Spielregel

- *Einführung:* »Ich habe keine Zeit«, ist zum Alltagsspruch des »modernen«, beschäftigten Menschen geworden. Auch Jugendliche sind von diesem Spruch geprägt. – Was ist Zeit? Zeit ist das, was eine/r daraus macht. Eine/r holt aus Minuten mehr heraus als manche/r aus Stunden. – Die einzige Zeit, die uns zur Verfügung steht, um zu gestalten, ist der Augenblick. Der Augenblick ist die wichtigste Zeit in meinem Leben; im Augenblick entscheidet sich, ob ich einmal mit Freude über die Vergangenheit reden werde oder ob ich sie lieber verschweige; im Augenblick entscheidet sich, ob die Zukunft gelingen wird oder nicht. – Geschichte erzählen: »Die wichtigste Zeit« von *L. Tolstoi.*
  »Viele hasten, um Glück zu haben. Sie haben aber keine Zeit zum Glücklichsein.« *E. Oesch*
- 4 bis 5 Teilnehmer/innen schließen sich zu einer Gruppe zusammen. Jede Gruppe bekommt das Arbeitsblatt »Meine Zeit – Unsere Zeit«.
- Jede Gruppe wählt sich sechs Aussagen über die Zeit aus und überlegt sich dazu je ein szenisches Spiel (mit Wort und Handlung), d.h. jede Gruppe versucht sechs Aussagen über die Zeit theatralisch darzustellen. Die szenischen Spiele werden den andern Gruppen vorgespielt. Diese müssen herausfinden, welche Aussage über die Zeit dargestellt wird.
- Während der Vorbereitung wird über die Aussagen diskutiert.

4 Material

Arbeitsblätter »Meine Zeit – Unsere Zeit«.

5 Erfahrungen

Gespräch und Spiele helfen mit, daß auch Jugendliche sich bewußt werden: »Man kann etwas von der Zeit haben, oder die Zeit kann uns haben.«

6 Biblischer Bezug

Koh 3,1–8: »Alles hat seine Zeit.« – *E. Oesch:* »Unsere Zeit ist kurz bemessen. Wir müssen haushälterisch mit ihr umgehen. Um so mehr sollten wir wissen, wofür wir Zeit haben wollen und wofür nicht ...«

Meine Zeit – Unsere Zeit

1. Zeit haben
2. Keine Zeit haben
3. Zeit gewinnen
4. Zeit verlieren
5. Zeit sparen
6. Zeit verschwenden
7. Zeit sinnvoll füllen
8. Zeit totschlagen
9. Zeit ausnutzen
10. Zeit stehlen
11. Gute Zeit
12. Schlechte Zeit
13. Zeitlos leben
14. Alles zu seiner Zeit
15. Mit der Zeit gehen
16. »Nimm dir Zeit und nicht das Leben!«
17. »Zeit ist Geld!«
18. . . .

Straßen der Freiheit 45

1 Art und Ort

»Posten-Gesprächs-Lauf« zum Thema »Freiheit«.

2 Vorbereitungen

Posten verteilen. Standorte der Posten auf Start-Karte übertragen.

3 Spielregel

- Postenblätter bei Gebäuden oder Straßen, die direkt oder indirekt an Freiheit erinnern, befestigen (z. B. Kirchen, Schulen, Denkmäler, Polizeiposten, »Freiestraße« etc.). – Genaue Standorte der Posten vor dem Kopieren auf der Start-Karte eintragen.
- Kurze thematische Einführung: Erst wer die Freiheit verliert, weiß wirklich, was Freiheit bedeutet. – Die schönsten Träume von Freiheit werden in den Gefängnissen geträumt. – Was schenkt echte Freiheit?
- 3 bis 4 Teilnehmer/innen schließen sich zu einer Gruppe zusammen. Jede Gruppe bekommt eine Startkarte, auf der die genauen Standorte der Posten eingetragen sind. Innerhalb einer Stunde sollten alle Posten besucht und die Fragen beantwortet werden. Die Reihenfolge ist frei.
- Wenn alle Gruppen zurückgekehrt sind, werden die Antworten im Plenum vorgetragen und ausgetauscht.
- Der/die Spielleiter/in sammelt die Antworten anschließend ein, wertet sie aus und bietet in der nächsten Gruppenzusammenkunft als kurze Besinnung eine Zusammenfassung der Antworten.

4 Material

Postenblätter, Start-Karten, Schreibzeug.

5 Erfahrungen

Statt in einer Ecke um einen Tisch herum, findet bei diesem Lauf das Gruppengespräch auf der Straße statt; meistens werden auf der Straße auch »freiere« Gespräche geführt.

6 Biblischer Bezug

Joh 8,36: Wenn der Sohn (Jesus Christus) euch frei macht, dann werdet ihr wirklich frei sein.

Standorte der Posten	Namen der Gruppenmitglieder
F	
R	
E	
I	
H	
E	
I	
T	

POSTEN F

Welcher dieser Menschen strahlt am meisten Freiheit aus?
Welcher strahlt am wenigsten Freiheit aus?

POSTEN **R**

Welches Bild kann als Symbol der Freiheit betrachtet werden?

Welches Bild hat nichts mit Freiheit zu tun?

L

K

N

M

O

P

Q

Posten E

1 Zählt drei Dinge auf, die Ihr in Eurem Leben als große Freiheit erlebt!
2 Zählt drei Dinge auf, die Ihr in Eurem Leben als Zwang, als Unfreiheit erlebt!

Posten I

1 Wer hat das Recht, Eure Freiheit einzuschränken?
2 Was unternehmt Ihr, damit Ihr Eure Freiheit nicht verliert?

Posten H

1 Was haben Angst, Furcht, Haß, Vorurteile, Egoismus und Reichtum mit Freiheit zu tun?

Posten E

1 Wer oder was schränkt Euch Eure Freiheit am stärksten ein?
2 Wer oder was bietet Euch am meisten Freiheit?

Posten I

1 Sucht sechs Wörter, die etwas Ähnliches bedeuten wie Freiheit!

Posten T

1 Zählt fünf Länder der Erde auf, in denen die Menschen nicht in Freiheit leben dürfen!
2 *Beispiel:* In Südafrika dürfen die schwarzen Menschen nicht frei wählen, wo sie arbeiten und wohnen wollen. Sie haben kein Mitbestimmungsrecht in ihrem eigenen Land.
Was sagt Ihr dazu?
Was macht Ihr dagegen?

4
Kunterbuntes

Sprichwörtliche Schatten 46

1 Art und Ort

Sprichwörter, die von kleinen Gruppen als Schattenspiele dargeboten werden.

2 Vorbereitungen

Sprichwörter-Liste in Zettel schneiden. Ein Schattentheater einrichten: Über ein Seil oder auf einen Dachlattenrahmen ein altes Leintuch straff spannen; als Lichtquelle eignet sich eine Spot-Lampe oder ein Diaprojektor sehr gut. Entfernung Lampe-Leintuch ca. 2 m (nur eine Lampe, sonst wird ein doppelter Schatten geworfen).

3 Spielregel

3 bis 4 Teilnehmer/innen bilden eine Gruppe. Jede Gruppe zieht 3 bis 4 Zettel mit je einem Sprichwort. Während etwa 40 Minuten versucht jede Gruppe, aus den ausgelosten Sprichwörtern kleine Schattenspiele zu gestalten. Ohne Worte werden die Sprichwörter dann als Schattenspiele den andern Gruppen vorgespielt, und die Zuschauer müssen herausfinden, wie die Sprichwörter heißen.
Wichtige Tips: Beim Aufführen der Sprichwörter keine zu schnellen Bewegungen machen, damit sich das Leintuch nicht bewegt. – Möglichst nahe am Leintuch spielen, damit die Schatten kräftiger wirken. – Alle notwendigen Theaterutensilien müssen nur stilisiert aus Karton hergestellt werden (ein Wasserkrug aus Karton ausgeschnitten wirf z. B. einen besseren Schatten als ein richtiger Krug). Die Karton-Utensilien müssen jedoch schön parallel zum Leintuch getragen werden. – Mit dem Diaprojektor können zusätzlich Hausumrisse und ähnliches von Folien projiziert werden.

4 Material

Seil mit Wäscheklammern oder Dachlattenrahmen zum Fixieren des Leintuchs, Lichtquelle, Karton, Scheren, Bleistifte, Sprichwörter.

5 Erfahrungen

Viele Jugendliche, die Hemmungen haben, vor anderen Jugendlichen Theater zu spielen, wagen es, wenn zwischen ihnen und den Zuschauern ein Leintuch hängt, wenn sie sich nicht unmittelbar vor dem Publikum exponieren müssen.

Sprichwort-Liste

Hunger ist der beste Koch.
Müßiggang ist aller Laster Anfang.
In der Not frißt der Teufel Fliegen.
Es ist noch kein Meister vom Himmel gefallen.
Frisch gewagt ist halb gewonnen.
Der Apfel fällt nicht weit vom Stamm.
Der Geist ist willig, aber das Fleisch ist schwach.
Gebrannte Kinder scheuen das Feuer.
Morgenstund hat Gold im Mund.
Wer andern eine Grube gräbt, fällt selbst hinein.
Der Krug geht solange zum Brunnen, bis er bricht.
Wenn zwei sich streiten, freut sich der dritte.
Man soll sein Licht nicht unter den Scheffel stellen.
Vater werden ist nicht schwer, Vater sein dagegen sehr.
Wenn jemand eine Reise tut, so kann er was erzählen.
Humor ist, wenn man trotzdem lacht.
Der Mensch denkt, Gott lenkt.
Alle Menschen müssen sterben.
Das Fragen kostet kein Geld.
Was Hänschen nicht lernt, lernt Hans nimmer.
Was du säst, erntest du auch.
Aus den Augen, aus dem Sinn.
Liebe macht blind.
Kleine Leute haben oft große Herzen.
Verbotene Frucht schmeckt süß.
Die Axt im Haus erspart den Zimmermann.
Keiner zu klein, ein Meister zu sein.
Wer zuletzt lacht, lacht am besten.
Eine Schwalbe macht noch keinen Sommer.

Nikolausabend 47

1 Art und Ort

Nikolausabend in der Gruppe mit Umfrage in der Gemeinde.

2 Vorbereitungen

Fragebogen vorbereiten mit Adressen. – Nikolaussack füllen für die Gruppe.

3 Spielregel

Jugendliche kennen meistens die Mitglieder der kirchlichen und politischen Behörden in der Gemeinde nur schlecht. In der Zeit um den Nikolaustag bietet sich eine Gelegenheit, sie auf besondere Art näher kennenzulernen.

• Immer 2 Teilnehmer/innen besuchen mit dem Fragebogen drei bis vier Adressen, klopfen an die Türe, sagen, woher sie kommen und fragen: 1. Wir suchen Nikolaus-Verse. Können Sie uns einen Vers aufsagen? – 2. Welches war Ihr eindrücklichstes Nikolauserlebnis in Ihrer Kindheit? – 3. Wenn Sie jetzt als Nikolaus unsere Gruppe besuchen müßten, was würden Sie uns Jugendlichen heute sagen? – Die Adressen, die besucht werden sollen, werden der ganzen Gruppe bekanntgegeben. Jede Zweiergruppe wählt zwei Adressen und läßt sich eine bis zwei Adressen durch das Los zuteilen. – *Mögliche Adressen:* Pfarrgemeinderäte/-rätinnen, Gemeinderäte/-rätinnen, Pfarrer, Lehrer/innen etc.

• Nach einer festgesetzten Zeit kommen die Zweiergruppen zurück und berichten über ihre Begegnungen und ihre Sammlungen. Es wird vor allem interessant sein, was die Behördenmitglieder als Nikolaus den Jugendlichen raten würden.

• Anschließend fröhliches »Sackleeren« und Essen.

• Die besten Antworten und Sprüche können auf einem Blatt festgehalten und eventuell den besuchten Leuten zugestellt werden.

4 Material

Fragebogen und Schreibzeug; gefüllter Nikolaus-Sack.

5 Erfahrungen

Auf lustige Art können mit dieser Umfrage Hemmungen Jugendlicher gegenüber Behördenmitgliedern abgebaut werden. Und die Mandarinen und Nüsse schmecken nach einer solchen Umfrage doppelt so gut.

St. Nikolaus in unserer Gemeinde

Adresse: ______________________________

1. Wir suchen St. Nikolaus-Verse. Können Sie uns einen Vers aufsagen?

2. Welches war Ihr eindrücklichstes Nikolauserlebnis in Ihrer Kindheit?

3. Wenn Sie jetzt als Nikolaus unsere Gruppe besuchen müßten, was würden Sie uns Jugendlichen heute sagen?

Buchstabensalat zum Essen 48

1 Art und Ort

Gruppenweises Suchen von Früchtenamen. Anschließend wird mit den Früchten ein Fruchtsalat zubereitet und miteinander gegessen.

2 Vorbereitungen

Früchte einkaufen; Rüst- und Eßgeschirr besorgen.

3 Spielregel

- 5 bis 7 Teilnehmer/innen schließen sich zu einer Gruppe zusammen.
- Jede Gruppe bekommt ein Blatt »Buchstabensalat zum Essen« und einen Bleistift. – In diesem Buchstabensalat suchen nun alle nach den versteckten Früchten und Zutaten. – Es müssen 15 Wörter gesucht werden. – *Auflösung:*
Ananas – Apfel – Aprikose – Baumnuß – Banane – Fruchtsalat – Birne – Kirschen – Mandarine – Orange – Pfirsich – Traube – Zitrone – Zucker – Rahm.
Immer wenn eine Gruppe eine Frucht gefunden hat, bekommt sie diese Frucht (oder mehrere, z. B. Kirschen). Wenn eine Gruppe das Wort »Fruchtsalat« gefunden und angezeichnet hat, bekommt sie die Schüssel und die Rüstmesser.
- Wenn *alle* Gruppen alles gefunden und *alle* den Fruchtsalat zubereitet haben, werden die Tische gedeckt und das gemeinsame Mahl beginnt mit einem Danklied.

4 Material

Rüst- und Eßgeschirr; Früchte, siehe oben.

5 Erfahrungen

Miteinander essen verbindet und stärkt das Gruppenerlebnis. – *Wichtig:* Wer zuerst den Fruchtsalat gefunden und zubereitet hat, hat gewonnen. Doch beim Essen geht es dann nicht mehr ums Siegen, sondern um die Gemeinschaft.

A	C	E	G	J	L	N	E	P	R	T	V	X	Z	K	A	E	G	I	K	M	O
Z	A	M	T	E	I	N	I	E	O	Q	S	V	O	X	N	Z	A	B	D	F	H
P	R	O	F	Y	O	L	K	M	P	R	P	F	I	R	S	I	C	H	J	L	Z
I	C	P	A	R	B	C	E	I	T	J	E	S	I	U	A	S	I	S	R	A	E
K	A	N	T	A	U	K	E	T	A	B	U	B	F	N	E	N	M	E	N	I	S
A	L	I	T	Z	E	C	R	N	U	S	C	H	A	S	O	N	G	S	T	B	T
T	Z	F	R	O	E	L	H	A	I	C	H	E	O	U	S	T	R	E	N	P	F
A	L	A	L	E	R	E	R	T	A	R	N	F	S	A	M	N	G	I	X	T	E
M	O	R	N	G	N	T	E	N	S	T	A	U	N	O	D	N	H	A	T	H	G
O	L	D	I	A	M	B	U	M	D	A	Z	D	U	M	K	J	U	R	C	E	M
I	A	O	N	B	N	A	H	D	J	A	L	J	N	E	R	I	C	S	H	O	S
F	U	A	E	R	C	A	T	E	T	E	U	A	C	A	H	N	R	I	S	H	T
H	B	A	U	P	R	T	S	J	A	N	H	A	T	L	M	I	L	P	E	L	U
N	M	U	I	R	T	T	D	O	E	T	E	M	F	S	K	I	T	S	A	R	C
H	O	E	M	S	V	C	W	H	X	W	A	I	Z	M	U	M	B	E	R	N	Z

Buchstabensalat zum Essen

A	C	E	G	J	L	N	E	P	R	T	V	X	Z	K	A	E	G	I	K	M	O
Z	A	M	T	E	I	N	I	E	O	Q	S	V	O	X	N	Z	A	B	D	F	H
P	R	O	F	Y	O	L	K	M	P	R	P	F	I	R	S	I	C	H	J	L	Z
I	C	P	A	R	B	C	E	I	T	J	E	S	I	U	A	S	I	S	R	A	E
K	A	N	T	A	U	K	E	T	A	B	U	B	F	N	E	N	M	E	N	I	S
A	L	I	T	Z	E	C	R	N	U	S	C	H	A	S	O	N	G	S	T	B	T
T	Z	F	R	O	E	L	H	A	I	C	H	E	O	U	S	T	R	E	N	P	F
A	L	A	L	E	R	E	R	T	A	R	N	F	S	A	M	N	G	I	X	T	E
M	O	R	N	G	N	T	E	N	S	T	A	U	N	O	D	N	H	A	T	H	G
O	L	D	I	A	M	B	U	M	D	A	Z	D	U	M	K	J	U	R	C	E	M
I	A	O	N	B	N	A	H	D	J	A	L	J	N	E	R	I	C	S	H	O	S
F	U	A	E	R	C	A	T	E	T	E	U	A	C	A	H	N	R	I	S	H	T
H	B	A	U	P	R	T	S	J	A	N	H	A	T	L	M	I	L	P	E	L	U
N	M	U	I	R	T	T	D	O	E	T	E	M	F	S	K	I	T	S	A	R	C
H	O	E	M	S	V	C	W	H	X	W	A	I	Z	M	U	M	B	E	R	N	Z

TV-Spots einmal anders 49

1 Art und Ort

Blödeleien in Form von TV-Spots. Phantasie und Lachen für drinnen und draußen.

2 Vorbereitungen

Material besorgen und stilisierten Fernsehapparat vorbereiten. TV-Spots kopieren und zerschneiden.

3 Spielregel

- Im Gruppenraum oder draußen wird ein stilisierter Fernsehapparat mit Tischen, Stühlen oder Dachlatten und Wolldecken so aufgebaut, daß eine Gruppe von 2 bis 3 Teilnehmern die TV-Spots gut vorführen kann.
- 2 bis 3 Teilnehmer/innen schließen sich zu Spielgruppen zusammen.
- Jede Gruppe zieht 2 bis 3 TV-Spots-Ideen und wählt dann eine aus, um sie mit den nötigen Utensilien und einem spritzigen Text den anderen vorzuführen. Vorbereitungszeit ca. 20 bis 30 Minuten.
- Wenn alle Gruppen eine Idee in einen Spot umgearbeitet haben, kommt es zur fröhlichen Fernsehrunde; eine Gruppe spielt, die andern schauen zu.
- Nach der TV-Spot-Sendung werden miteinander neue Ideen gesucht für eine spätere Runde, oder einfach zum Lachen.

4 Material

Geeignetes Material, um einen Fernsehapparat aufzubauen. – Theaterutensilien, damit die Spots gestaltet werden können. – Notizmaterial, um die Texte der Spots zu entwerfen und aufzuschreiben. – Karton und Farben.

5 Erfahrungen

Obwohl Blödeleien gespielt werden, können richtige Phantasie-Wunder erlebt werden. – Die TV-Spot-Ideen können auch ganz auf die Gruppe abgestimmt und aktualisiert werden. – Mit solchen Spots können sogar Probleme spielerisch aufgearbeitet werden.

TV-Spots – Ideen

1. Die Einsamkeit der Löcher im Emmentalerkäse.
2. Das gestörte Verhältnis zwischen Blitz und Donner.
3. Das Liebesleben der Straßenlampen.
4. Die empfindliche Seele der Autos.
5. Die Sehnsucht des Edelweiß in den Alpen.
6. Über den Genuß der Langeweile.
7. Wie macht man sich verhaßt?
8. Wie bringe ich es zu nichts?
9. Das ideale Spielzeug für Lehrer und Lehrerinnen.
10. Die neue Frisur der frisierten Teddys.
11. Wie man sich mit Worten die Finger verbrennen kann.
12. Ein Lob der Faulheit.
13. Die ideale WC-Lektüre.
14. Über die Größe der kleinen Leute.
15. Keiner zu klein, ein Punk zu sein.
16. Wie organisiere ich ein Fest, bei dem ganz sicher nichts läuft?
17. Wie man lacht, wenn es nichts zu lachen gibt.
18. Wie man die Größten in den Schatten stellt.
19. Wie klagt man, ohne zu leiden.
20. Der kürzeste Weg zum Großmaul.
21. Wie man ohne Worte eine Liebeserklärung macht.
22. Wie man eine Nervensäge zum Singen bringt.
23. Über die Verjüngung des Alters.
24. Wie man die Kirchenbesucher zum Schlafen bringt.
25. Wer hoch angibt, hat mehr vom Leben.
26. Über den Sinn des Blödsinns.
27. Wie man seinen guten Ruf am schnellsten los wird.
28. Über die Vorteile der Nachteile.

Haare in der Suppe 50

1 Art und Ort

Spielerisches Suppenkochen im Freien oder in einer Küche mit genügend Kochstellen.

2 Vorbereitungen

Gemüse einkaufen, Kochgeschirr besorgen und Kochstellen vorbereiten.

3 Spielregel

Die Teilnehmer/innen werden in Gruppen aufgeteilt. Jeder Gruppe wird eine Kochstelle zugewiesen (im Freien: offene Feuerstelle oder Camping-Gaskocher; im Haus: Kochherde). Zu Beginn bekommt jede Gruppe einen Pfadikessel bzw. eine Pfanne, 2 Küchenmesser, 1 Kelle, Teller und Löffel (das Material kann von zu Hause mitgebracht werden).
Wenn alle mit den nötigen Kochutensilien ausgerüstet sind, bekommt jede Gruppe die erste Aufgabe und muß das »1. Haar« (Lösung) suchen. Für jedes gefundene »Haar« bekommt die Gruppe eine Zutat für die Suppe; fürs erste »Haar« z. B. Wasser. Während das Wasser zu kochen beginnt, wird das »2. Haar« gesucht: Bouillon usw. – Wer alle »Haare« gefunden hat, kann die Suppe fertig kochen und miteinander essen und hoffen, daß keine echten Haare in der Suppe sind.

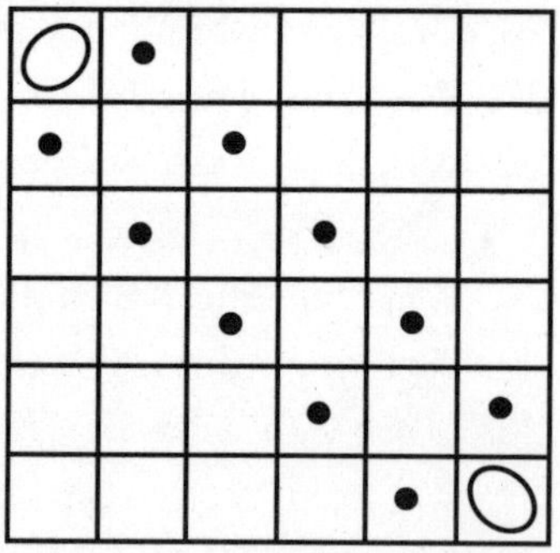

1. Haar: Wasser. Lösung = 64
2. Haar: Bouillon. Lösung =
3. Haar: Lauch. Lösung = 800
4. Haar: Kartoffeln. Lösung = 12 Hasen
5. Haar: Karotten. Lösung = 7 und 5
6. Haar: Wiener. Lösung = 20 Std.

4 Material

Pro Gruppe: 1 Kochstelle, 1 Pfadikessel/Pfanne, 2 Küchenmesser, 1 Kelle, Teller, Löffel, »Haar-Sammlung« (jede Aufgabe einzeln). Wasser, 1 Suppenlöffel Bouillon, 2 Stengel Lauch, 4 Kartoffeln, 4 Karotten, 1 Paar Wiener (Frankfurter).

5 Erfahrungen

Die eine oder andere Gruppe findet vielleicht ein Haar nicht und ist froh, wenn der Spielleiter einen heißen Tip gibt. Dafür darf er dann mitessen.

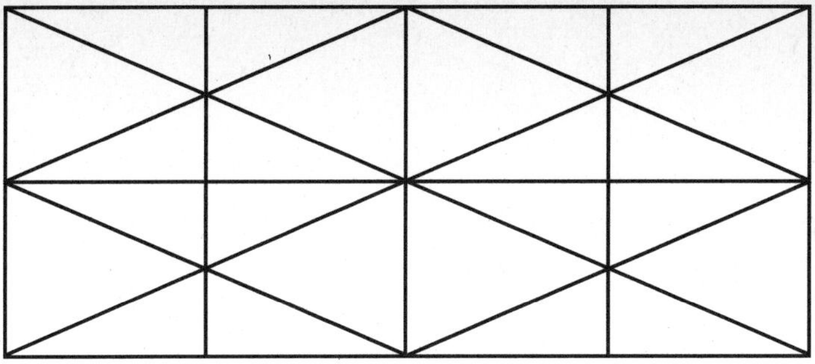

1. Haar
Wieviele Dreiecke sind in dieser Figur versteckt?

2. Haar
Zwei Hühner hatten die Aufgabe, diese Kiste mit Eiern zu belegen, allerdings auf eine eigene Art. Sie dürfen in einer Reihe nicht mehr als 2 Eier legen, wobei auch die zwei diagonalen Reihen eingeschlossen sind.
2 Eier sind bereits gelegt. Auf der betreffenden Diagonalen darf also kein Ei mehr gelegt werden.
Wie müssen die Eier liegen?

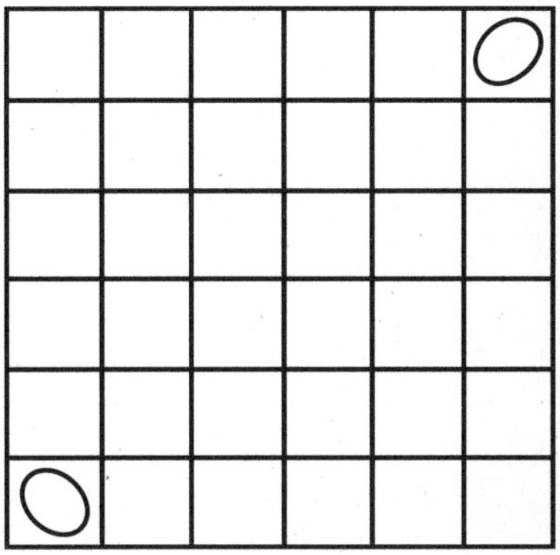

3. Haar
In einem Dorf in Afrika leben 800 Frauen. 3 Prozent von ihnen tragen einen Ohrring. Von den verbleibenden 97 Prozent trägt die eine Hälfte 2 Ohrringe, die andere Hälfte keine Ohrringe. – Wie groß ist die Gesamtzahl der von den Frauen getragenen Ohrringe?

4. Haar
In einem großen Käfig sind Hasen und Hühner zusammengesperrt. Man zählt insgesamt 35 Köpfe und 94 Füße. Wieviele Hasen sind im Käfig?

5. Haar
Ein Maultier sagte zu einem Esel: »Würde ich dir noch einen deiner Säcke abnehmen, trüge ich das Doppelte. Würde ich dir dagegen noch einen meiner Säcke abgeben, so hätten wir beide gleichviel!« – Wieviele Säcke trug das Maultier?

6. Haar
Ein Uhrmacher sagte: »Ich setzte zwei Uhren gleichzeitig in Gang und mußte bald feststellen, daß die eine pro Stunde 2 Minuten nachging, die andere aber pro Stunde 1 Minute vor. – Als ich wieder nach ihnen sah, war es auf der schnelleren genau eine Stunde später als auf der anderen.« Wie lange waren die Uhren gelaufen?

Blumiger Dank

51

Kleine Bastelarbeit

1 Art und Ort

Kleine Bastelarbeit: blütenförmiger Brief, mit dem man den Eltern oder dort, wo man sich zuhause fühlt, ein herzliches »Dankeschön« sagen kann.

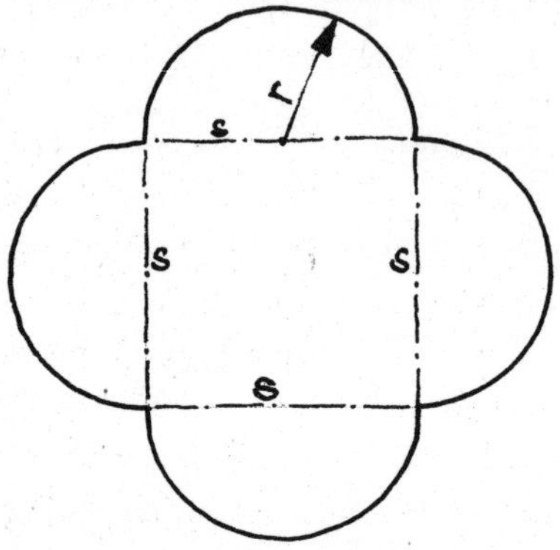

2 Vorbereitungen

Material besorgen und Schablonen vorbereiten.

3 Spielregel

Der/die Spielleiter/in bereitet aus Karton Schablonen vor in der Form wie »Bild 1« in vier Größen:

A s = 150 mm; r = 75 mm
B s = 105 mm; r = 52,5 mm
C s = 73 mm; r = 36,5 mm
D s = 51 mm; r = 25,5 mm

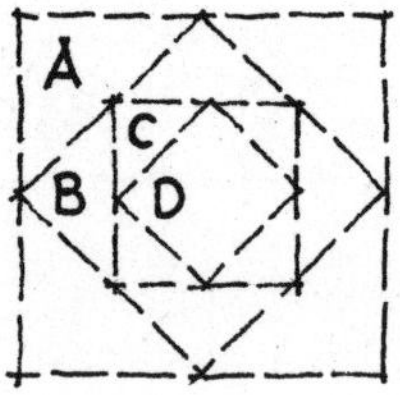

- *Kurze Einführung:* Dankbarkeit ist der Schlüssel zum Glücklichsein.
- Jede/r Teilnehmer/in bekommt Fotopapier in zwei verschiedenen Farben. Mit Hilfe der Schablonen werden die Figuren A, B, C, D auf das Fotopapier übertragen, ausgeschnitten und entlang der Linie s gefaltet.
- Die Figuren A, B, C, D werden »diagonal« übereinander geklebt, wie Bild 2, so daß eine Blume entsteht, wie Bild 3.
- Auf die einzelnen Blütenblätter und auf Figur D können nun Worte des Dankes, der Freude oder der Liebe geschrieben werden.

• Die Blätter werden nun so nach innen geklappt, daß sie sich je zur Hälfte überlappen und am Ende ein Briefumschlag entsteht, der mit einem Klebband geschlossen wird.

• Adresse schreiben, frankieren und gleich in den nächsten Briefkasten werfen.

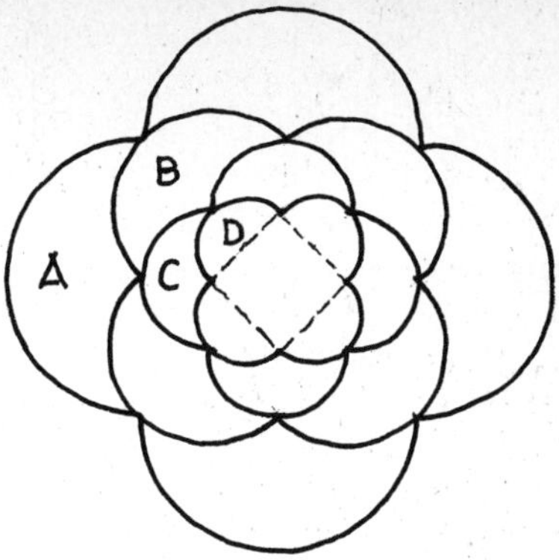

4 Material

Kartonschablonen; farbiges Fotopapier; Scheren; Leim; Schreibzeug; Briefmarken.

5 Erfahrungen

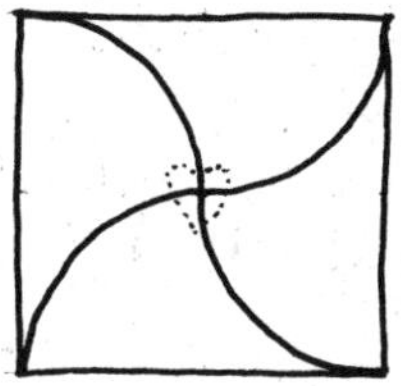

Dieser besondere Dankesbrief schafft eine gute Verbindung zwischen den Eltern und der Gruppe; dieses Zeichen der Dankbarkeit bringt Freude für die Empfänger und Glücksgefühl für die Absender.

Kopiervorlage für Schablonen zu »Blumiger Dank«

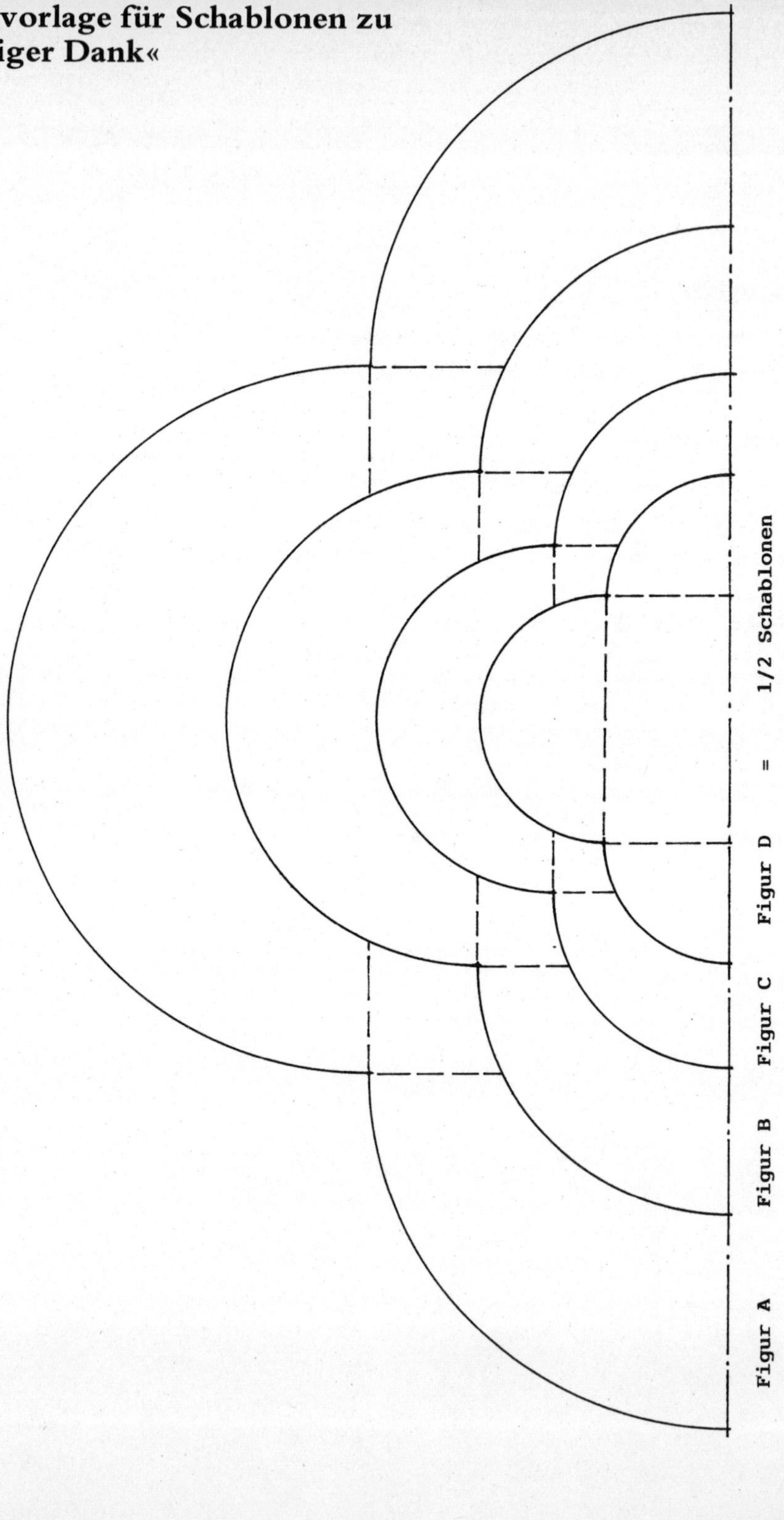

5
Postenläufe und Postenfahrten

Rad-Nacht 52

Fahrrad-Weekend

1 Art und Ort

Weekendausflug mit dem Fahrrad und »Fahrrad-Gottesdienst« unterwegs.

2 Vorbereitungen

Erkunden der Strecke und der Übernachtungsmöglichkeiten; Anfrage an geeignete Begleitpersonen.

3 Spielregel

Von Zeit zu Zeit sollte die Gruppe etwas Außergewöhnliches unternehmen, z. B. eine Rad-Tour mit Übernachtung im Wald, unter freiem Himmel, ohne Zelt und Geld. Die Teilnehmer/innen kommen mit fahrtüchtigen Fahrrädern, Verpflegung für unterwegs, Lunch für Abend-, Morgen- und Mittagessen. Tee wird in Kesseln am offenen Feuer gekocht (bräteln). Auf diese Weise wird das Budget der Eltern überhaupt nicht belastet. Der/die Gruppenleiter/in sollte die Strecke gut kennen (nicht nur durch die Autoscheibe) und die Übernachtung vorher mit den betreffenden Behörden (Waldbesitzer) besprechen.

Wichtig: Auf Sraßen, die auch von Autos befahren werden, sollte nur in Gruppen von max. 6 Fahrern gefahren werden. Abstand von Gruppe zu Gruppe ca. 20 Meter, damit die Autofahrer gefahrlos überholen können. Ein Gruppenchef ist jeweils verantwortlich für diesen Sicherheitsabstand.

Flickzeug mitnehmen! – *Abendgestaltung:* Liederbücher und Spiele mitnehmen. – *Fahrrad-Gottesdienst:* Das Fahrrad eignet sich, als Symbol des Lebens dargestellt zu werden (Idee siehe Beiblatt »Fahrradbesinnung»). – *Elterninformation:* Die Eltern sollten über dieses »Abenteuer« schriftlich informiert werden.

4 Material

Fahrtüchtige Fahrräder (vor dem Start kontrollieren). Flickzeug, Pumpe, Apotheke, Kochkessel und alles, was für die Sicherheit und das Übernachten unbedingt nötig ist.

5 Erfahrungen

Wenn das Wetter mitmacht, wird ein solcher Ausflug zu einem wahren Gruppenerlebnis, über das noch lange gesprochen wird. Das Schlafen im Wald unter freiem Himmel schenkt einen Hauch Abenteuer und damit auch viel »Kitt« in der Gruppe.

Fahrrad-Besinnung

Fahrradgestell: Das Gestell, der Rahmen hält alle einzelnen Teile zusammen. Was gibt meinem Leben Halt? Was hält unsere Gruppe zusammen?

Lenkstange: Ein Fahrrad ohne Lenkstange ist nichts wert. Mit ihr können wir das Fahrrad dorthin lenken, wo wir es haben wollen. Auch unser Leben können wir lenken. Wer gibt uns die Richtung? Was bestimmt unser Leben? Wer gibt den Ton an? Lenken wir selbst oder werden wir gelenkt?

Bremsen: Jedes Fahrrad braucht Bremsen. Erst die Bremsen machen das Fahren sicher und zum Genuß. Was hält mich selbst im Leben in Schranken? Was erinnert mich an die Sicherheit und Zukunft unserer Erde? Was ist eine gute Bremse in meinem Leben, was bremst mich unnötigerweise?

Licht: Ohne Licht sehen wir nichts, erkennen wir den Weg nicht. Was ist unser Licht? Ohne Licht werden wir auch nicht gesehen. Wem können wir zum Licht werden? Wem sind wir ein Leuchtturm in der Not? Wer oder was ist unser Leuchtturm?

Pedale: Mit den Pedalen bringen wir das Fahrrad in Schwung. Immer das Pedal, das abwärts geht, treibt an, und das Pedal, das aufwärts kommt, erholt sich. Abwärtsgehen im Leben empfinden wir immer als Nachteil. Nur Aufwärtsstrebende werden erfolgreich bezeichnet. Bei den Pedalen ist es anders. Vielleicht auch im Leben. Wo sind wir bereit, in die Knie zu gehen, um zu dienen? Wo sind wir bereit, uns herabzulassen, zurückzustecken, damit es in der Gruppe/Gemeinschaft vorwärts geht?

Kette: Ohne Kette wird die Kraft nicht übertragen. Ein Fahrrad ohne Kette ist wie ein Mensch, der redet und redet, ohne etwas zu machen. Wo machen wir große Worte, ohne sie ins Leben zu übertragen?

Sattel: Eine Fahrradtour ohne Sattel wäre eine Tortur. Ein Leben ohne Ruhe und Rast ist ebenso eine Tortur. Der siebte Tag ist in Gottes Plan Ruhetag; der Ruhetag ist der Sattel in unserem Leben. Doch gibt es auch Strecken, da man aus dem Sattel muß, um sie zu bewältigen.

Räder: Ohne Räder rollt nichts. Sie müssen aber eine Mitte haben. Welches ist meine Mitte, damit das Leben richtig rollt? Womit schmiere und öle ich meine Lebensräder?

Schutzbleche: Ohne Schutzbleche kann man nur bei schönem Wetter unterwegs sein. Wie schütze ich mich gegen den »Schmutz« in der Welt?

Gepäckträger: Mit einem Gepäckträger können wir unser Fahrrad und unser Leben sogar für andere Menschen einsetzen? Für wen und auf welche Weise setze ich mein Leben ein?

Hindernisrennen für Radfahrer

53

1 Art und Ort

Hindernisparcours für Radfahrer auf einem Schulhausplatz oder großen Parkplatz oder entlang einer nicht befahrenen Straße.

2 Vorbereitungen

Parcours vorbereiten und ihn selbst ausprobieren.

3 Spielregel

Alle Mitspieler/innen müssen einen bestimmten Parcours fahren. Unterwegs müssen sie acht verschiedene Aufgaben lösen. Sie haben bei jedem Hindernis zwei Versuche, doch sie dürfen zwischendurch den Boden nicht mit den Füßen berühren. Gewonnen hat, wer am schnellsten durch den Parcours gekommen ist. – Jeder Fehler (Berühren des Bodens mit einem Fuß, Nichterfüllen einer Aufgabe usw.) gibt einen Zeitzuschlag von 15 Sekunden. – Wer kein Fahrrad hat, leiht sich eines aus. Wer im Augenblick nicht radfahren kann, wird als Schiedsrichter oder Postenwart eingesetzt.
Posten: 1. Enger Slalom, 2. Zielwurf mit einem Wurfpfeil, 3. Penalty-Schießen, 4. Steinchen in Joghurt-Becher verteilen, 5. Bänder über Stäbe legen, 6. Zwischen zwei geraden Linien fahren, 7. Wasser von einem Eimer zum andern bringen, 8. Ballon aufblasen und darauf sitzen.

4 Material

6 größere Steine für Slalom; Zielscheibe und Wurfpfeile; Fußball und 2 Stecken; 4 Stangen und 4 Turnbänder; 2 Wassereimer und Joghurt-Becher; Seil oder Klebband; Ballone.

5 Erfahrungen

Der Parcours ist ungefährlich, trotzdem sollte aber ein Verbandskasten griffbereit sein.

Hindernisrennen

1. Posten

Mit sechs größeren Steinen eine Slalomstrecke ausstecken: nicht zu weit und nicht zu eng.

2. Posten

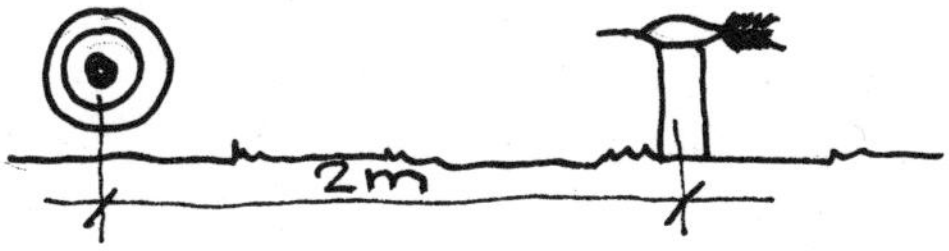

Zielscheibe aufstellen. 2 Meter vor der Scheibe den Wurfpfeil auf einem Pfosten oder einer Mauer bereitlegen.

3. Posten

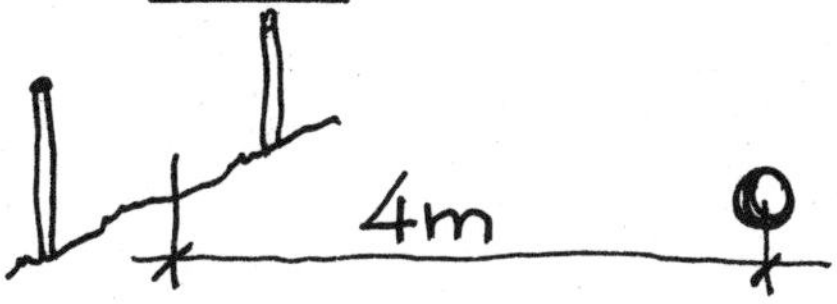

Mit zwei Pfosten ein Tor von ca. 3 Meter Breite aufstellen. Etwa 4 Meter vor dem Tor den Ball schußbereit hinlegen.

4. Posten

Auf einem Mäuerchen 4 Joghurt-Becher im Abstand von ca. 1 Meter aufstellen. Auf einem Pfosten 4 Steinchen bereitlegen. Die Steinchen müssen auf einmal genommen und je eines in jeden Becher verteilt werden.

5. Posten

4 Pfosten (2 m) im Abstand von ca. 1,5 m in einer Reihe aufstellen. Über jeden Pfosten muß je ein Turnband oder Spielring gelegt werden. Bänder vor dem Start um den Hals legen oder wie die Ringe ca. 3 m vor dem Hindernis bereitlegen.

6. Posten

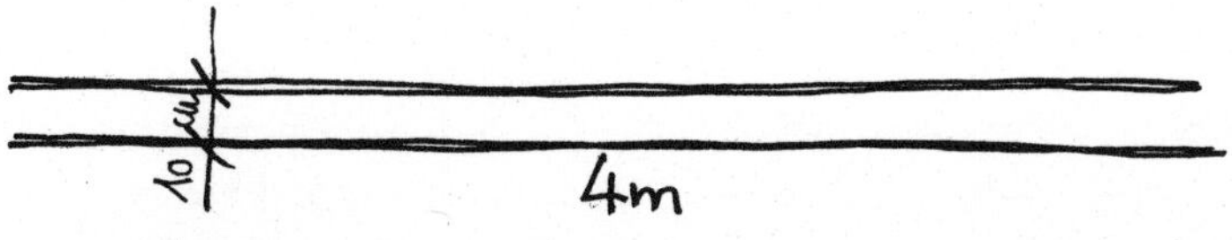

Zwei parallele Seile oder Bänder von ca. 4 m Länge im Abstand von 10 cm am Boden befestigen. Gerade hindurchfahren, ohne daß die Räder die Seile oder Bänder berühren.

7. Posten

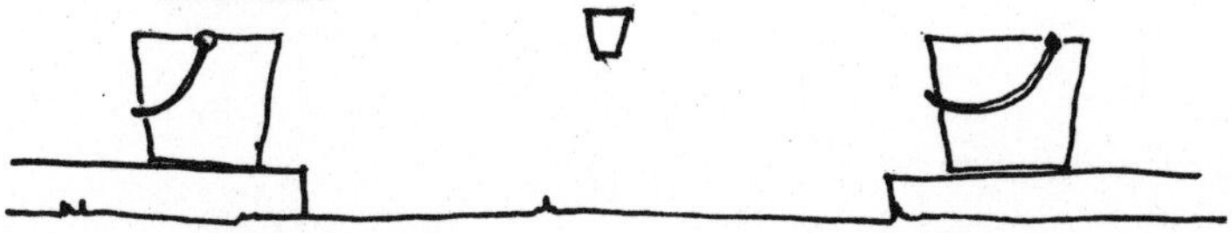

Zwei Wasserkessel im Abstand von ca. 4 m aufstellen. Der erste ist mit Wasser gefüllt. Fahrend muß ein Joghurt-Becher gefüllt und in den leeren Kessel gekippt werden.

8. Posten

Beim Start bekommt jede/r Mitspieler/in einen Ballon. Vor dem Ziel muß der Ballon aufgeblasen und zwischen dem Sattel und dem Hintern zum Platzen gebracht werden.

Stern der Wahrheit

54

1 Art und Ort

Sternfahrt mit dem Rad durch den Ort und seine Umgebung. Auf dem Postenzettel stehen ganz persönliche Fragen, die jedes Gruppenmitglied zu beantworten versucht (mündlich).

2 Vorbereitungen

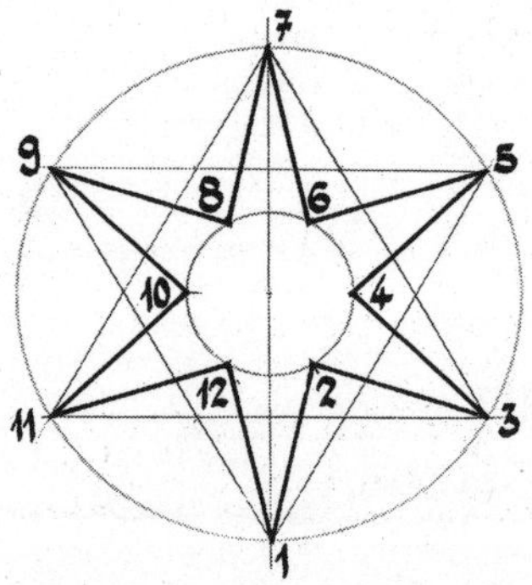

Ortspläne vorbereiten, Postenzettel schreiben (auf jedem Zettel muß der nächste Posten eingetragen sein) und die Postenzettel im Ort so verteilen, daß die gefahrene Strecke einen sechseckigen Stern (spitz) ergibt.

3 Spielregel

Freunde und Freundinnen schließen sich zu kleinen Gruppen zusammen (2 bis 3). Jede Gruppe bekommt einen Ortsplan und einen Bleistift und wird damit zu einem Posten geschickt. Damit alle Gruppen gleichzeitig starten können, beginnt jede bei einem anderen Posten. – Die Fragen bei den Posten sollen ein ehrliches und offenes Gespräch unter Freunden und Freundinnen auslösen. Statt in den Sternen die Wahrheit zu suchen, vertraut man einander etwas Persönliches an und sucht miteinander den richtigen Weg. – Jeder angelaufene Posten wird auf den Ortsplan übertragen, und die Punkte werden miteinander verbunden. Wer auf seinem Plan den sechseckigen Stern fertig hat, kehrt ans Ziel zurück.

4 Material

Ortspläne, Bleistifte und Postenzettel.

5 Erfahrungen

Die Sternfahrt ist nur lustig, wenn die Fragen ernstgenommen und darüber kurz gesprochen wird. Aus diesem Grund sollten sich nur solche zu einer Gruppe zusammenschließen, die sich gut verstehen und sich auch mögen.

Posten 1	Wen bewunderst Du am meisten? In welcher Weise beeinflußt Dich diese Person?	Nächster Posten:
Posten 2	Wenn Du morgen früh beim Aufwachen irgend etwas Neues ganz besonders gut beherrschen würdest – auf welchem Gebiet möchtest Du ganz groß herauskommen?	Nächster Posten:
Posten 3	Gibt es Menschen, die Du so sehr beneidest, daß Du gerne mit ihnen tauschen würdest? Wenn ja: Wer sind sie?	Nächster Posten:
Posten 4	Welche Erinnerung ist Dir die kostbarste überhaupt?	Nächster Posten:
Posten 5	Hast Du irgend jemanden gehaßt? Wenn ja, warum und wie lange?	Nächster Posten:
Posten 6	Für was in Deinem Leben empfindest Du tiefste Dankbarkeit?	Nächster Posten:
Posten 7	Es ist ein heißer Sommernachmittag. Du überquerst zu Fuß den Parkplatz eines großen Einkaufszentrums und siehst einen Hund, der jämmerlich unter der Hitze in einem verschlossenen Auto leidet. Was tust Du?	Nächster Posten:
Posten 8	Bei Tisch fangen Deine Freunde an, über einen gemeinsamen Bekannten in herabsetzender Weise zu sprechen. Du empfindest diese Kritik als ungerechtfertigt und unwahr. Würdest Du die abwesende Person verteidigen und in Schutz nehmen?	Nächster Posten:
Posten 9	Wer ist der wichtigste Mensch in Deinem Leben? Was würdest Du tun, um die Beziehung zu ihm noch zu verbessern?	Nächster Posten:
Posten 10	Wann hast Du zum letzten Mal etwas gestohlen? Warum hast Du seither nichts mehr gestohlen? Wann hast Du zum letzten Mal gelogen? Warum hast Du gelogen?	Nächster Posten:
Posten 11	Wärest Du für 1000000 DM bereit, Deine/n beste/n Freund/in niemals mehr wiederzusehen oder zu sprechen?	Nächster Posten:
Posten 12	Wenn Du das »Drehbuch« zum Traum für die kommende Nacht selbst schreiben könntest: Wie sähe Deine Traum-Story aus?	Nächster Posten:

Wo sind die Goldstücke vergraben? 55

1 Art und Ort

Garn-Labyrinth; unterwegs müssen sechs Aufgaben gelöst und am Ende die Goldstücke auf einem Plan gesucht werden.

2 Vorbereitungen

Garn zubereiten und Garn-Labyrinth in einem geeigneten Raum auslegen.

3 Spielregel

1. Für jede/n Teilnehmer/in wird ein Stück Garn von ca. 10 m Länge vorbereitet (genau messen, alle sollten gleich lang sein), d. h. in gleichmäßigem Abstand werden die Zettel mit den Aufgabennummern befestigt (1. Aufgabe = Start).

2. Garne kreuz und quer im Raum auslegen und mit Maler-Klebband ein wenig befestigen. Immer zwei Garne enden am selben Punkt und sind miteinander verknotet.

3. Jede/r Teilnehmer/in ergreift einen Zettel mit der Aufschrift *1. Aufgabe.*

4. Alle bekommen eine Toto-Karte und füllen sie aus. Sie müssen vorerst schätzen, wie lang das Garnstück ist, dann überlegen, wer mit wem am gleichen Faden oder wer am andern Ende ist. Toto-Karte mit Namen versehen und wieder dem/der Spielleiter/in geben.

5. Alle bekommen die 1. Aufgabe, um sie zu lösen. Wer die Aufgabe richtig gelöst hat, kann mit dem Aufrollen des Garns beginnen (Knäuel) und aufrollen bis zur 2. Aufgabe. Aufgabe lösen und weiter aufrollen bis zur 3. Aufgabe usw.

6. Wer am Ende des Garns angelangt ist und alle Aufgaben gelöst hat, muß nun auf seine/n Partner/in warten. Wer das Garn zuerst aufgerollt hat, bekommt 6 Extra-Punkte.

7. Wenn zwei Partner/innen sich am Ende gefunden haben, gehen sie miteinander auf die Suche nach den vergrabenen Goldstücken. Jedes Paar bekommt einen Plan. Wer den Ort auf dem Plan findet, bekommt 3 Extra-Punkte; wer ihn zuerst gefunden hat, bekommt 5 Extra-Punkte.

8. Toto-Karte auswerten: Wer die Länge des Garns fast richtig hat, bekommt auch 5 Extra-Punkte; jedes richtige Paar = 5 Extra-Punkte.

9. Lösungen:
1. Aufgabe: Die 1. Figur ist wieder an der Reihe.
2. Aufgabe: 6 ist mit 4 und 7 mit 5 verbunden.
3. Aufgabe: 1, 4 und 6
4. Aufgabe: Es kommen alle Tiere in Frage, die springen können; ein Haus kann nicht springen.
Goldstücke: Wenn man die gegebenen Orte miteinander verbindet, entsteht ein Pfeil, dessen Spitze auf die »alte Brücke« zeigt.

4 Material

Garn, Schreibzeug, Maler-Klebband, Preise für Sieger und Verlierer.

T O T O - K A R T E

Wie lang ist der Faden?

Wer trifft am Ende auf wen?

1. Aufgabe

2. Aufgabe

3. Aufgabe

4. Aufgabe

5. Aufgabe

6. Aufgabe

1. Aufgabe:

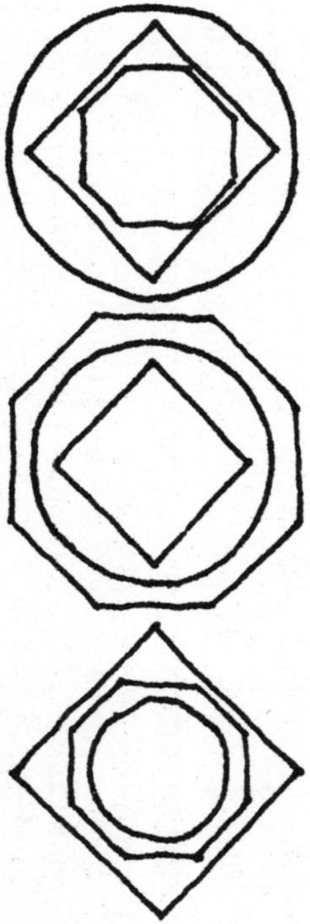

Wie muß die nächste Figur folgerichtig gezeichnet werden?

2. Aufgabe:

Welche Zahlen sind auf diesem Bild miteinander verbunden?

4. Aufgabe: Zählt fünf Tiere auf, die höher als ein Haus springen können!

5. Aufgabe: Such Dir jemanden aus und sing mit ihm/ihr zusammen ein Lied!

6. Aufgabe: Erzähl allen einen lustigen Witz!

3. Aufgabe:

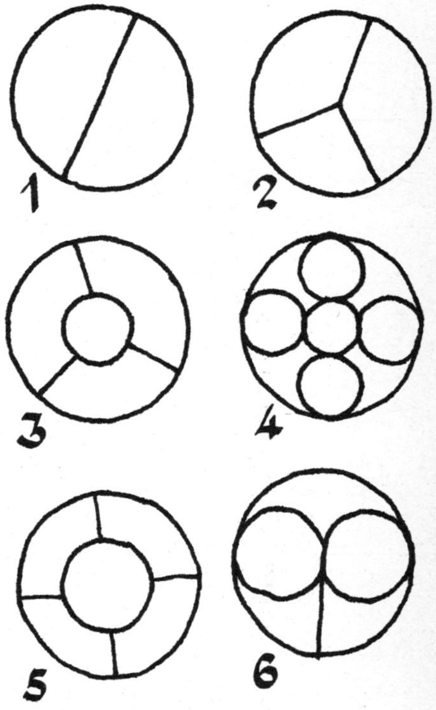

Welche dieser Figuren können gezeichnet werden, ohne daß der Stift vom Papier abgesetzt und ohne daß eine Linie zweimal gezogen wird?

Wo sind die Goldstücke vergraben?

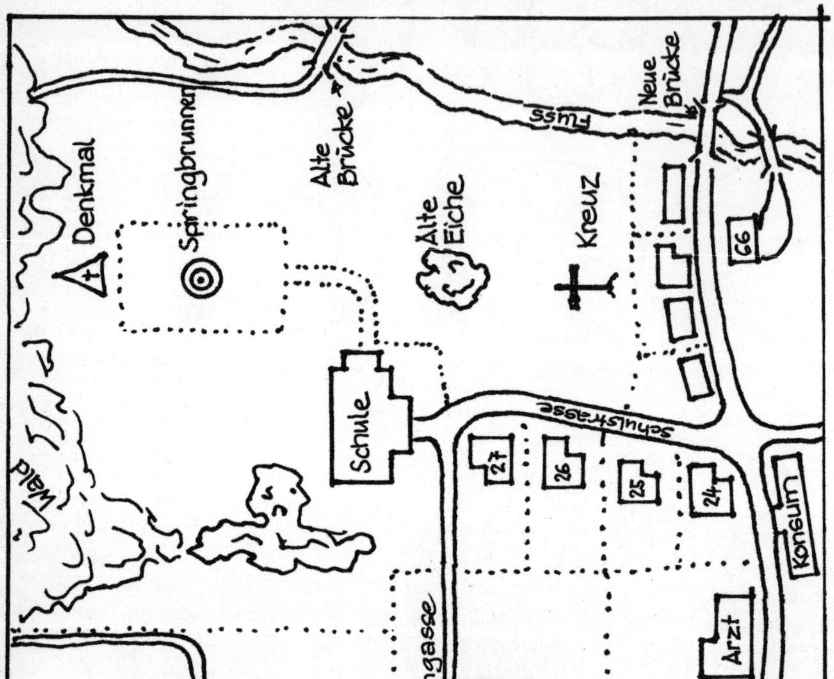

Der Weg beginnt beim Kirchenportal und führt von dort zum Eingang des Schlosses, von dort zum Springbrunnen, dann weiter zum Denkmal. Von dort zur alten Brücke. Dann zurück zum Kreuz und nordwärts zur alten Eiche, und schließlich zurück zum Kirchenportal.
Wo sind die Goldstücke vergraben?

Wo ist der Schlüssel? 56

1 Art und Ort

Schatzsuche im Freien.

2 Vorbereitungen

Schatz (etwas zum Naschen) besorgen, Schlüssel am richtigen Ort verstekken und Posten verteilen.

3 Spielregel

• Die 12 Hinweise in einem begrenzten Gebiet im Freien verteilen (wie bei einem Postenlauf).
• In einem Raum den süßen Schatz einschließen und den Schlüssel genau 6 Meter von einem Baum entfernt in der genauen (!) Richtung verstecken. Um diesen Baum ein Seil legen. Wichtig! Hinweise anbringen und Schlüssel verstecken, bevor die ersten der Gruppe anwesend sind.
• 3 bis 5 Teilnehmer/innen schließen sich zu einer Gruppe zusammen. Jede Gruppe bekommt Schreibzeug und das Blatt *Der Weg zum Schatz* (s. S. 156).
• Orientierung der Gruppen: In einem bestimmten Raum ist ein Schatz verborgen. Der Schlüssel ist gut versteckt. Man findet den Schlüssel mit dem Plan *Der Weg zum Schatz*. Leider hat nun aber ein Feuer große Löcher in diesen Plan gefressen, so daß die fehlenden Wörter nun mühsam zusammengesucht werden müssen. Die Lösungen der Hinweise bei den entsprechenden Nummern eintragen und der Plan ist wieder komplett, so daß die Tür zum Schatz geöffnet werden kann.
• *Lösungen zu den Hinweisen: 1. Hinweis:* Süden; *2. Hinweis:* Richtung; *3. Hinweis:* 12 Uhr; *4. Hinweis:* Uhr; *5. Hinweis:* Baum; *6. Hinweis:* Seil (1. Seil; 2. eine; 3. INRI; 4. leis); *7. Hinweis:* Mitte; *8. Hinweis:* 6; *9. Hinweis:* Meter; *10. Hinweis:* 3; *11. Hinweis:* Schlüssel; *12. Hinweis:* versteckt
• Wer den Schlüssel zuerst gefunden hat, darf die anderen mit dem süßen Schatz beschenken.

4 Material

Blätter »Hinweise« und »Der Weg zum Schatz«. – 1 Schlüssel, der wirklich zu einem Türschloß paßt. – 1 Seil zum Markieren des Baumes. – Schreibzeug für jede Gruppe.

2. Hinweis

ULFKWXQJ

geheimes Alphabet

12. Hinweis

7. Hinweis

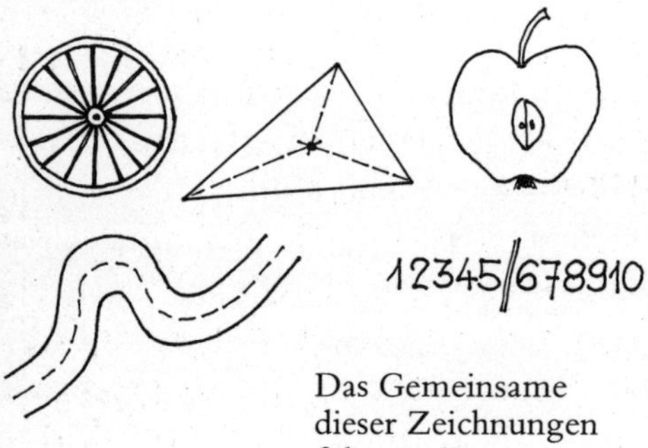

Das Gemeinsame dieser Zeichnungen führt weiter

6. Hinweis

	1	2	3	4
1				
2				
3				
4				

1. ? ? ? ?
2. unbestimmter weiblicher Artikel
3. Inschrift am Kreuz von Golgota
4. So hört mich niemand!

9. Hinweis

Wenn Du 40076600 von den gesuchten »Stücken« aneinander reihst, dann bist Du rund um die Erde gegangen.

10. Hinweis

»Ich habe einige Vögel auf meinem Bauernhof«, sagte der Bauer Finkel. »Es sind alles Tauben bis auf zwei, alles Hühner bis auf zwei, und alles Gänse bis auf zwei. Wie viele Vögel habe ich?«

5. Hinweis Wer sammelt für Dich Wasser, schenkt Dir frische Luft und gibt Dir das Material für Deine Wiege, für Deine ersten Spielsachen, für das Dach über Deinem Kopf, für Dein Schreibpapier und zuletzt für Deinen Sarg?	**8. Hinweis** Nimm zweimal das Ergebnis von Hinweis Nr. 10.
1. Hinweis Wohin ziehen im Winter die Zugvögel und im Sommer die Touristen?	**3. Hinweis** Nimm zweimal das Ergebnis von Hinweis Nr. 8.
4. Hinweis Ohne »H« bin ich ein Hinweis auf Vorfahren. Mit »H« braucht man mich zum Bestimmen der Gegenwart.	**11. Hinweis** Man kann mich umdrehen einstecken abziehen verlieren finden und früher hatte ich immer einen Bart.

Der Weg zum Schatz

(1) .... ist (2) ....

(3) .... (4) .... !

Der (5) .... mit dem (6) ....

ist die (7) .... der

(4) ....

(8) .... (9) .... in (2) ....

(10) .... (4) ...... ist der (11) ....

(12) .... !

Unbekannte Straßennamen

57

1 Art und Ort

Orientierungslauf in Gruppen. Straßennamen müssen entschlüsselt und die Straßen gesucht werden.

2 Vorbereitungen

Postenblätter vorbereiten und in der richtigen Straße aufhängen.

3 Spielregel

- Der Spielleiter sucht auf der Ortskarte 10 bis 15 Straßennamen und schreibt sie verschlüsselt in die kopierten Vorlageblätter (s. Seite 158 f.). In der Vorlage haben Straßennamen Platz mit max. 20 Buchstaben.
- Die Postenblätter in der richtigen Reihenfolge in den richtigen Straßen aufhängen. Das erste Postenblatt sollte ganz nahe beim Start hängen und den Straßennamen Nr. 1 enthalten. Die Straße Nr. 1 muß von den Gruppen entschlüsselt und aufgesucht werden. Irgendwo – die Gruppen sollten ein bißchen suchen müssen – hängt in der Straße Nr. 1 das Postenblatt mit dem Straßennamen Nr. 2. In der Straße Nr. 2 hängt das Postenblatt ... usw.
- 3 bis 4 Teilnehmer/innen bilden eine Gruppe. Jede Gruppe bekommt Notizpapier (Startkarte) und Schreibzeug. Start- und Ankunftszeit werden auf die Startkarte geschrieben. Die Gruppen starten im Abstand von ca. 4 Minuten und müssen so schnell wie möglich die abgesteckte Route herausfinden. Sie schreiben die Straßennamen in der richtigen Reihenfolge auf.
- Bevor die Ankunftszeit aufgeschrieben wird, muß jede Gruppe mit den Anfangsbuchstaben der Straßennamen ein oder zwei Wörter schreiben, so daß möglichst wenig Buchstaben übrigbleiben. Jeder Buchstabe, der übriggeblieben ist, gibt eine Minute Zeitzuschlag.

Variante: Der Orientierungslauf kann auch in einem Ferienlager an einem fremden Ort durchgeführt werden, um den Ort besser kennenzulernen. Jeder Gruppe müßte dann aber ein Ortsplan mitgegeben werden.

4 Material

Notizpapier und Schreibzeug. Postenblätter mit den verschlüsselten Straßennamen. Kleine Preise für die Sieger oder für alle.

5 Erfahrungen

An den Posten geht es nicht um große Kenntnisse und Wissen, darum haben alle eine Chance, die gut suchen können und mit den Straßennamen des Wohnortes ein bißchen vertraut sind.

Unbekannte Straßennamen

INTERLAKENSTRASSE = I N T E R L A K E N S T R A S S E

1 2 3 4 5 6 7 8 9 10 11 12 13 14 15 16 17

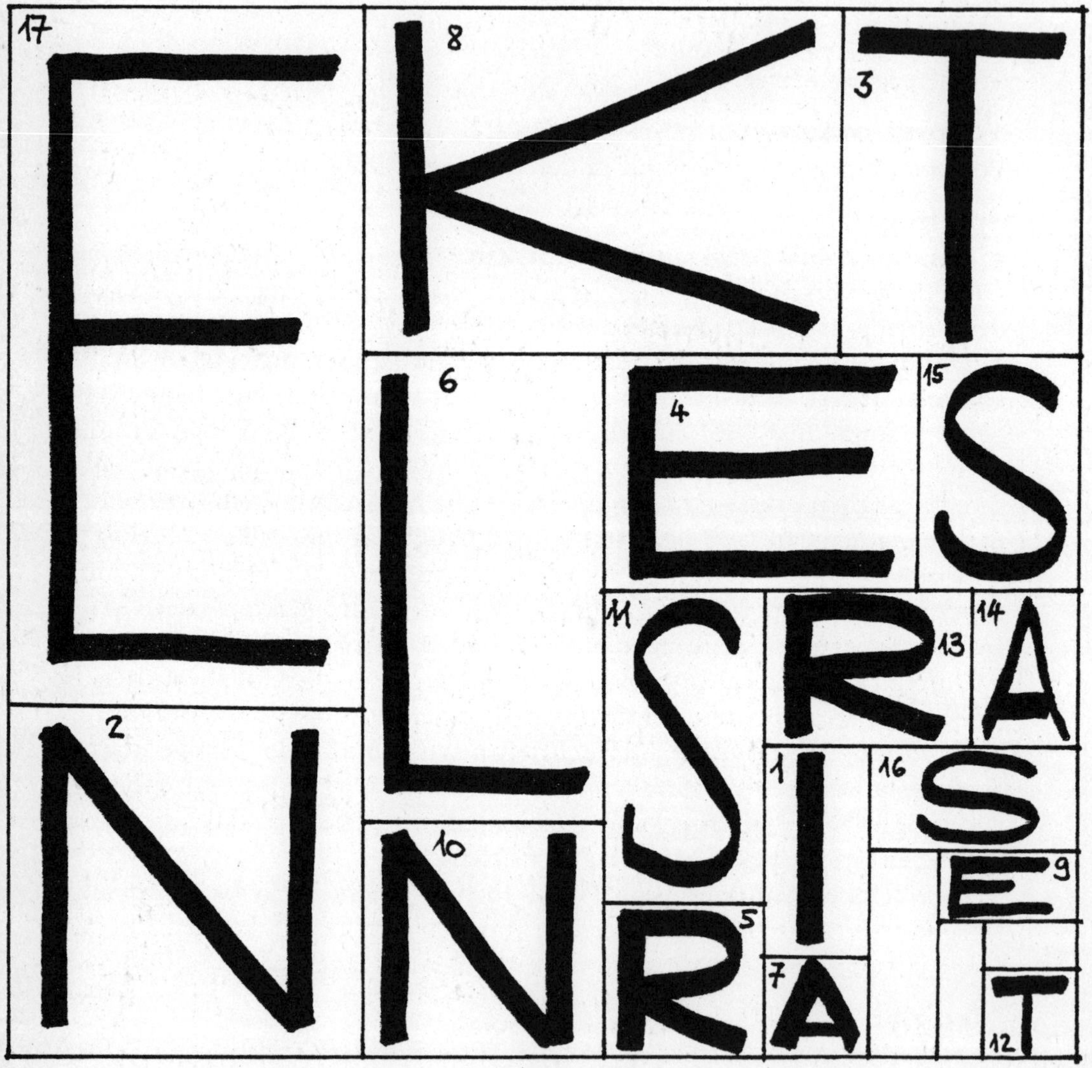

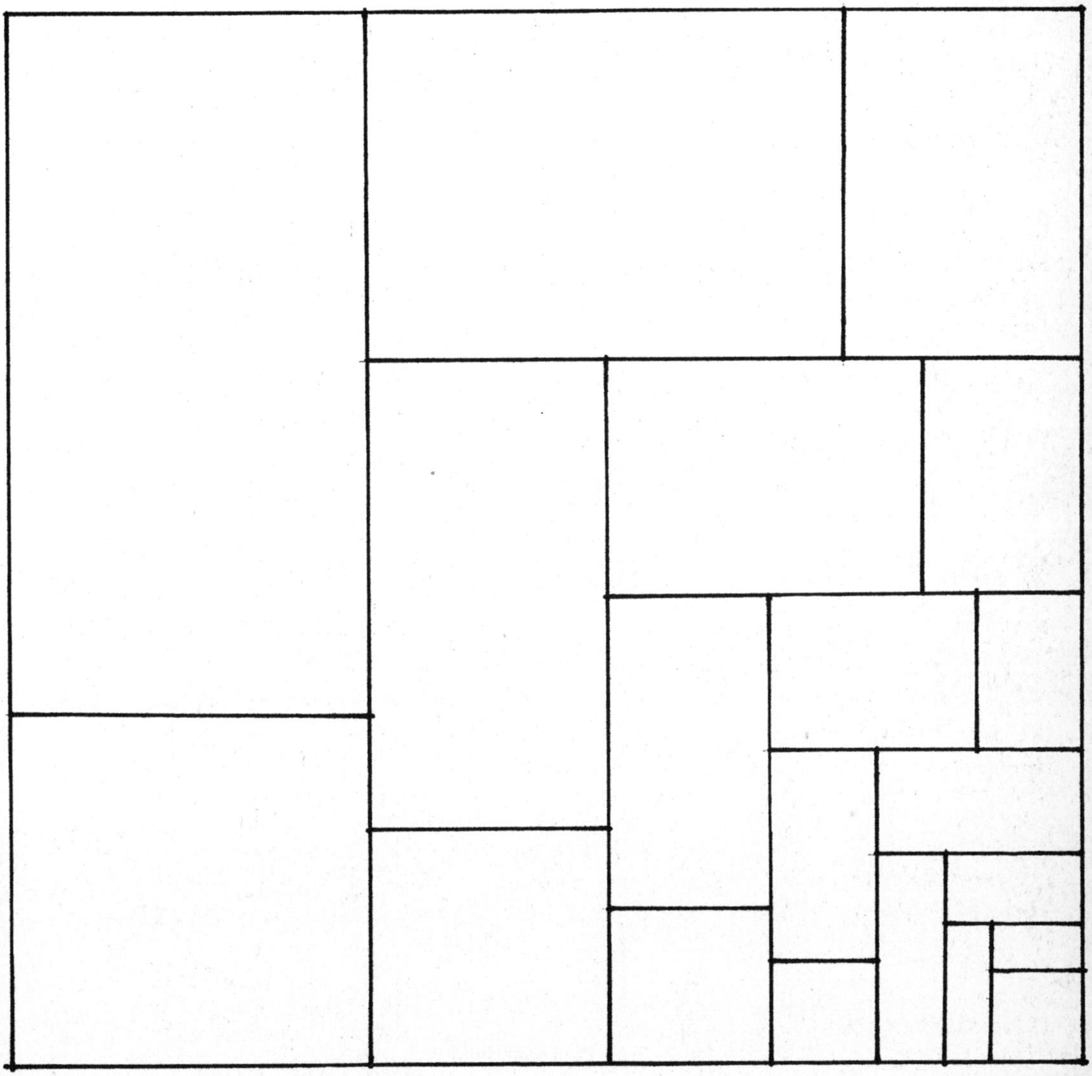

Tresor knacken 58

1 Art und Ort

Postenlauf für Dreiergruppen für drinnen und draußen. »Räuber-Trios« suchen den Code, um einen Tresor zu knacken.

2 Vorbereitungen

Material besorgen und Posten setzen.

3 Spielregel

• Die 12 Posten im oder ums Haus verteilen.
Einen Schokolade-Goldbarren so versorgen, daß man den Ort oder den Behälter mit einem dreistelligen Hänge-Zahlenschloß abschließen kann. Zahlenschloß auf den Code 656 (653) einstellen (Summe aller Resultate der 12 Posten).
Die Teilnehmer/innen schließen sich zu »Räuber-Trios« zusammen. Jedes Trio bekommt Notizpapier und Schreibzeug.
Die »Räuber-Trios« suchen die zwölf Posten und lösen die Aufgaben. Die Ergebnisse (Zahlen) werden aufgeschrieben und am Schluß zusammengezählt (13 Zahlen, denn Posten 6 = 2 Zahlen). Die Summe all dieser Zahlen ergibt den Code, um den Tresor zu knacken.
Wer das Schloß mit dem richtigen Code öffnen kann, hat gewonnen. – *Auflösungen:* Posten 1 = 345, Posten 2 = 70, Posten 3 = 2, Posten 4 = 3, Posten 5 = 3, Posten 6 = 97 + 1, Posten 7 = 12, Posten 8 = 6/72, Posten 9 = 27, Posten 10 = 12, Posten 11 = 8, Posten 12 = 4 (7). Code 653.

4 Material

Postenblätter (wenn möglich farbig kopieren, Papier und Schreibzeug, dreistelliges Zahlenschloß, Schokolade-Goldbarren.

5 Erfahrungen

Die Begeisterung für die Gruppe und fürs Mitmachen steigt, wenn im Tresor nicht nur für das Siegertrio »Gold« zu finden ist, sondern für alle etwas zum Naschen.
Wichtig: Es ist von Vorteil, wenn die »Räuber-Trios« die Fragen an den Posten abschreiben, damit sie bei einem eventuellen Fehler nicht noch einmal den ganzen Lauf machen müssen.

Tresor knacken, Posten 1–6

Posten 1

$$\begin{array}{r} 5\;4\;3 \\ \underline{?\;?\;?} \\ 8\;8\;8 \end{array}$$

Wie lautet die fehlende Zahl?

Posten 2

Teile 30 durch ½ und zähle 10 dazu!
Was kommt raus?

Posten 3

$$\begin{array}{r} 3\;6\;X \\ 4\;X\;3 \\ \underline{X\;1\;5} \\ 1\;0\;0\;0 \end{array}$$

Wie heißt X?

Posten 4

Welches ist die kleinste Anzahl Vögel, die in folgender Formation fliegen: 2 Vögel vor 1 Vogel, 2 hinter 1 Vogel und 1 Vogel zwischen zwei Vögeln?

Posten 5

Wie viele Socken mußt Du in einem stockfinsteren Zimmer aus der Schublade nehmen, wenn dort 10 blaue und 10 weiße Socken liegen, und Du ein Paar gleiche brauchst?

Posten 6

Zwei bestimmte ganze Zahlen miteinander multipliziert ergeben 97.
Welche zwei Zahlen sind es?

Tresor knacken, Posten 7–12

Posten 7 Einige Monate haben 30 Tage. Andere 31. Wie viele haben 28?	**Posten 8** Wie viele Bücher findest Du in einer normalen Bibel (Altes und Neues Testment)? – Katholisch – Evangelisch
Posten 9 Das Ende des Zweiten Weltkrieges minus das Ende des Ersten Weltkrieges (Jahreszahlen)?	**Posten 10** Wie viele Buchstaben brauchst Du, um einen Liebesbrief ohne Anrede, ohne Grüße und ohne Unterschrift in der Schriftsprache zu schreiben?
Posten 11 Wie viele Noten werden bei einer Oktave gesungen?	**Posten 12** Durch wie viele Bundesländer führt eine Zugfahrt von Kiel – nach Oberstdorf? (Durch wie viele Kantone führt eine Zugfahrt von Interlaken nach Lugano?)

Die Jagd nach dem verlorenen Diamanten

59

1 Art und Ort

Postenlauf mit besetzten Posten.

2 Vorbereitungen

Sieben Gruppenmitglieder (eventuell Eltern) werden als Postenchefs bestimmt und auf ihre Aufgaben vorbereitet. Material für Postenarbeiten besorgen.

3 Spielregel

• Die Posten in einem abgegrenzten Gebiet so verteilen, daß man sich gegenseitig nicht beobachten kann. Jeden Posten mit Postenchef und Material versehen.

• Die Teilnehmer/innen teilen sich in sieben Gruppen auf. Jeder Gruppe wird ein Posten zugewiesen. Wenn eine Gruppe eine Aufgabe gelöst hat, geht sie im Uhrzeigersinn weiter zum nächsten Posten.

• Sieben gleiche Ansichtskarten werden in sieben Teile zerschnitten und auf die Posten verteilt. Immer wenn eine Gruppe eine Aufgabe richtig gelöst hat (oder mindestens lange genug daran gearbeitet hat), bekommt sie einen Teil der Ansichtskarte. Am Ziel muß jede Gruppe die Ansichtskarte zusammensetzen und aufkleben. Wer die komplette Ansichtskarte zuerst abgeliefert hat, hat gewonnen.

• *Posten*

1. Posten: Geschichte zu Ende schreiben. Die wörtliche Fortsetzung heißt: ... und voller Mitleid lief er ihm entgegen, fiel ihm um den Hals und küßte ihn. Und der Vater sagte: »Wir wollen ein Fest feiern und uns freuen. Mein Sohn hier war tot, jetzt lebt er wieder. Er war verloren, jetzt ist er wiedergefunden.« Und sie begannen zu feiern.

2. Posten: Vorlage zuerst in 12 Dreiecke zerschneiden.

3. Posten: Je nach Alter der Teilnehmer/innen muß hier mehr oder weniger auf die Spur geholfen werden.

	S	E	N	D		9	5	6	7
	M	O	R	E		1	0	8	5
M	O	N	E	Y	1	0	6	5	2

4. Posten: Papier und Schreibzeug bereithalten, damit die Gruppen Verse schmieden können. Sie müssen die Verse vorsingen. Am Schluß können alle Verse noch einmal gesungen werden.
5. Posten: Für jede Gruppe liegen ein paar kleine Holzstücke (Abfallholz) und zehn Nägel bereit, mit denen sie ein symbolisches Floß bauen müssen. Kein Nagel darf umgebogen werden.
6. Posten: Für jede Gruppe liegt ein kleines Stück Stoff, eine Schere, Nadel und Faden bereit. Mit diesem Material muß ein symbolisches Hemd geschneidert werden.
7. Posten: Jedes Gruppenmitglied muß sich das Gesicht richtig schminken.
8. Posten: Ziel. Papier und Klebstoff bereithalten. Eventuell mit einer Polaroid-Kamera die einzelnen geschminkten Gruppen fotografieren.

4 Material

Posten 1: Pro Gruppe eine Kopie der Geschichte und Schreibzeug. – Posten 2: 3 bis 4 zerschnittene Sechsecke. – Posten 3: Notizpapier und Schreibzeug. – Posten 4: Notizpapier und Schreibzeug. – Posten 5: Pro Gruppe einige kleine Stücke Abfallholz und 10 Nägel, 3 bis 4 Hämmer. – Posten 6: Pro Gruppe ein Stück Stoff und Faden; 3 bis 4 Scheren und Nadeln. – Posten 7: 3 bis 4 Schachteln Schminkstifte, 3 bis 4 Spiegel. – Posten 8: Ziel; Papier und Klebstoff; Schokolade.

5 Erfahrungen

Wenn der/die Spielleiter/in um das ganze herum eine spannende Geschichte bastelt, wird die Jagd nach dem verlorenen Diamanten noch lustiger. Als Diamanten kann man zusätzlich zur Schokolade noch grüne Glasscherben einsetzen.

1 Auf der Suche nach dem verlorenen Diamanten bekommt Ihr Schwierigkeiten mit der Polizei. In einem Kriminalfilm habt Ihr einmal gesehen, wie Gangster durch eine Sperre gekommen sind, weil sie sich als Pfarrer ausgegeben hatten. Ihr versucht nun das gleiche und sagt: »Wir sind Pfarrer auf einer Studienreise!« Die Polizei traut der Sache nicht so recht und macht mit Euch einen Test. Sie legt Euch eine biblische Geschichte ohne Ende vor. Könnt Ihr das Ende dieser Geschichte aufschreiben, dann betrachtet die Polizei Euch als Pfarrer, andernfalls werdet Ihr als Diamantenjäger verhaftet.
Jesus erzählte eine Geschichte: Ein Mann hatte zwei Söhne. Der jüngere sagte: ›Vater, gib mir den Teil der Erbschaft, der mir zusteht!‹ Da teilte der Vater seinen Besitz unter die beiden auf. Nach ein paar Tagen machte der jüngere Sohn seinen ganzen Anteil zu Geld und zog in die Fremde. Dort lebte er in Saus und Braus und verjubelte alles. Als er nichts mehr hatte, brach in jenem Land eine große Hungersnot aus; da ging es ihm schlecht. Er fand schließlich Arbeit bei einem Bürger des Landes, der schickte ihn zum Schweinehüten aufs Land. Er war so hungrig, daß er auch mit dem Schweinefutter zufrieden gewesen wäre; aber selbst das verwehrte man ihm. Endlich ging er in sich und sagte: ›Die Arbeiter meines Vaters bekommen mehr, als sie essen können, und ich werde hier vor Hunger umkommen. Ich will zu meinem Vater gehen und zu ihm sagen: Vater, ich bin vor dir und Gott schuldig geworden; ich verdiene es nicht mehr, dein Sohn zu sein. Nimm mich als deinen Arbeiter in Dienst.‹
So machte er sich auf den Weg zu seinem Vater. Der sah ihn schon von weitem kommen, und

____

Und der Vater sagte: ____________________________

____

Und sie begannen ______________________________

2 Eure Jagd nach dem verlorenen Diamanten steht unter einem unglücklichen Stern. Ihr werdet unnötigerweise aufgehalten und dürft Eure Jagd erst wieder fortsetzen, wenn Ihr die zwölf Dreiecke zu einem sechseckigen Stern zusammengesetzt habt.

3 Auch das noch! Auf der Suche nach dem verlorenen Diamanten haben Euch andere Diamantenjänger das Geld gestohlen. Aber ohne Geld kommt Ihr nicht weiter, und die anderen dürfen nicht erfahren, daß Ihr wieder Geld habt. Aus diesem Grund schickt Ihr ein Telegramm an Eure Bank in Zürich und bestellt einen ganz genauen Betrag. Selbstverständlich

macht Ihr das verschlüsselt, und an Stelle der Zahlen telegrafiert Ihr eine Buchstabenrechnung. Ihr schreibt:

	S	E	N	D
	M	O	R	E
M	O	N	E	Y

Wieviel Geld schickt nun Eure Bank?

4 Auf der Suche nach dem verlorenen Diamanten verfolgen Euch die anderen Diamantenjänger. Um nicht aufzufallen, mischt Ihr Euch unter eine bunte Hochzeitsgesellschaft und feiert mit. Damit niemand etwas merkt, daß Ihr ja gar nicht dazugehört, bietet Ihr eine kleine »Show«. Ihr macht zwei Schnitzelbankverse oder Blödelverse über zwei Mitglieder Eurer Gruppe und singt sie zu einer bekannten Melodie vor.

5 Auf der Suche nach dem verlorenen Diamanten seid Ihr recht gut vorwärts gekommen. Doch hier hört die Straße auf. Schwere Regenfälle ließen den Fluß vor Euch so ansteigen, daß das Hochwasser die Brücke wegschwemmte. – Ihr wißt Euch aber zu helfen und baut Euch ein gutes Floß mit dem vorhandenen Holz. Einheimische geben Euch Nägel, aber sie stellen eine Bedingung: Jeder Nagel muß ganz versenkt und keiner darf umgebogen werden.

6 Auf Eurer Jagd nach dem verlorenen Diamanten wurden Eure Hemden im Dickicht des Dschungels so sehr zerrissen, daß ihr nicht mehr unter die Leute dürft, ohne aufzufallen, ohne Gefahr zu laufen, von der Polizei verhaftet zu werden. Ihr kauft Euch daher Stoff und Nähzeug und kleidet euch ein. Doch bevor Ihr die richtigen Hemden näht, schneidert Ihr ein kleines Übungsstück.

7 Die Jagd nach dem verlorenen Diamanten wird schwierig. Die Interpol sucht Euch, und Ihr müßt untertauchen. Überall hängen Steckbriefe von Euch mit Euren Gesichtern. Wenn Ihr aus dem Untergrund wieder auftauchen wollt, müßt Ihr zuerst Eure Gesichter so verändern, daß Euch niemand mehr erkennen kann. Da andere Diamantenjäger dem Ziel auch schon sehr nahe sind, dürft Ihr nicht zu lange untertauchen und müßt Eure Gesichter möglichst schnell verändern.

8 *Ziel:* Die Ansichtskarten zusammensetzen und aufkleben. Jede Gruppe, die eine komplette Ansichtskarte abliefert, bekommt eine Tafel Schokolade. Gewonnen hat die Gruppe, welche die Ansichtskarte zuerst abliefert.

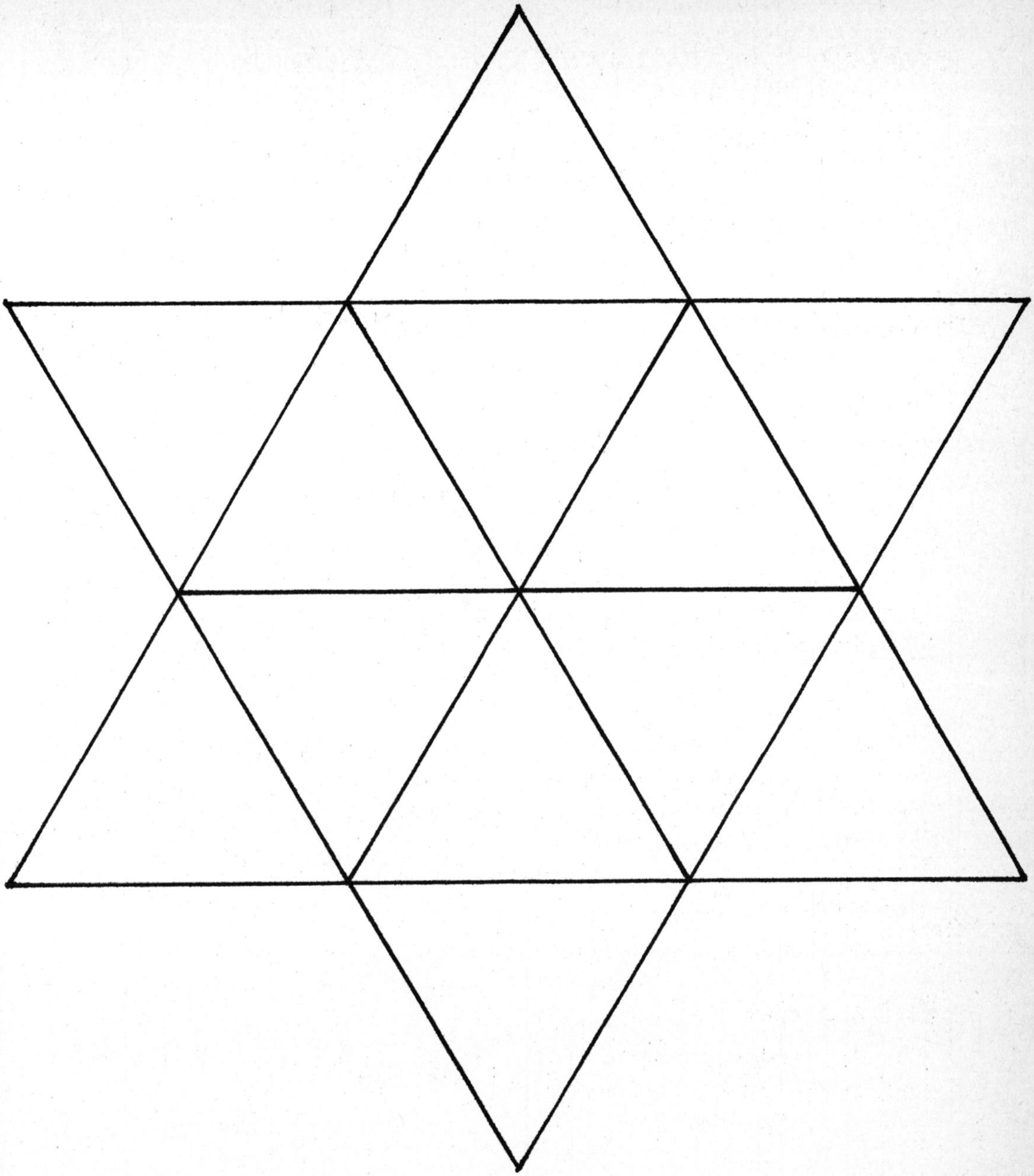

Foto-Orientierungslauf im Ort

60

1 Art und Ort

Orientierungslauf mit Fotos aus der Gemeinde.

2 Vorbereitungen

7 bis 8 Details im Wohnort fotografieren (schwarz/weiß), kopieren und eine Laufkarte zusammenstellen mit Fragen, die nur am Aufnahmeort selbst beantwortet werden können.

3 Spielregel

2 bis 3 Teilnehmer/innen schließen sich zu einer Laufgruppe zusammen. Jede Gruppe bekommt eine Laufkarte (Fotos und entsprechende Fragen) und macht sich auf den Weg, um die Aufnahmeorte zu suchen und die gestellten Aufgaben zu lösen.
Beispiel: Von einem Haus wird das Dach fotografiert. – *Frage:* Wann wurde dieses Haus gebaut?
Die Fragen sollten so gestellt werden, daß sie am Aufnahmeort ohne große intellektuelle Leistung beantwortet werden können. Wer in der kürzesten Zeit alle Orte gefunden und die Fragen richtig beantwortet hat, wird zum/zur »Fremdenführer/in« ernannt.

4 Material

Laufkarten mit Fotos und Fragen, Bleistifte.

5 Erfahrungen

Ein Orientierungslauf ohne große geistige Leistung kann die Freude an anderen Postenläufen wieder wecken.

Haus-Orientierungslauf 61

1 Art und Ort

Postenlauf, der in einem großen Haus oder auch im Freien (Wald, Park) durchgeführt werden kann. Die Spielfläche sollte jedoch nicht zu groß gewählt werden.

2 Vorbereitungen

Postenzettel kopieren, schneiden und in Abwesenheit der Gruppe im ganzen Haus oder im Gelände verteilen.

3 Spielregel

2 bis 4 Teilnehmer schließen sich zu einer Gruppe zusammen. Jede Gruppe bekommt ein Blatt Papier, einen Bleistift und einen Spielwürfel. Auf das Blatt Papier werden die Namen und die Startzeit notiert. – Die Gruppen würfeln und suchen den entsprechenden Posten. Auf jedem Postenzettel steht eine Frage und *drei* mögliche Antworten. Neben jeder Antwort steht eine Postenzahl zwischen 1 bis 50. Wenn eine Gruppe sich auf eine Antwort geeinigt hat, so sucht sie diesen Posten usw.

Wird jede Frage richtig beantwortet, so kann das Ziel (Posten 50) im besten Fall in 15 Etappen erreicht werden. Wird eine Frage aber falsch beantwortet, so fällt man zurück, und es ist sogar möglich, daß man zu einem Posten gewiesen wird, vor dem man schon einmal war. – *Beispiel:* Posten 12; wer die richtige Antwort gibt, kommt ans Ziel (Posten 50), wer falsch entscheidet, fällt zurück auf Posten 33 oder 36.

Jede Gruppe muß die genaue Reihenfolge der angelaufenen Posten notieren, damit der Spielleiter mit Hilfe seines »Schlüssels« den Weg der Gruppe kontrollieren kann. Verirrte Gruppen können mit dieser Kontrolle wieder auf den richtigen Weg geführt und »Abkürzungen« anderer Gruppen können so verhindert werden. Am Ziel kann man jeder Gruppe noch irgendeine lustige Aufgabe stellen. Die Laufzeit und der zurückgelegte Weg entscheiden dann über den Rang.

4 Material

Postenzettel und etwas, um sie zu befestigen; Papier; Bleistifte; Spielwürfel.

5 Erfahrungen

Während des Spiels entsteht ein fröhliches Durcheinander. Verirrte Gruppen sollten früh genug wieder auf den richtigen Weg gelenkt werden, damit sie die Freude am Spiel nicht verlieren.

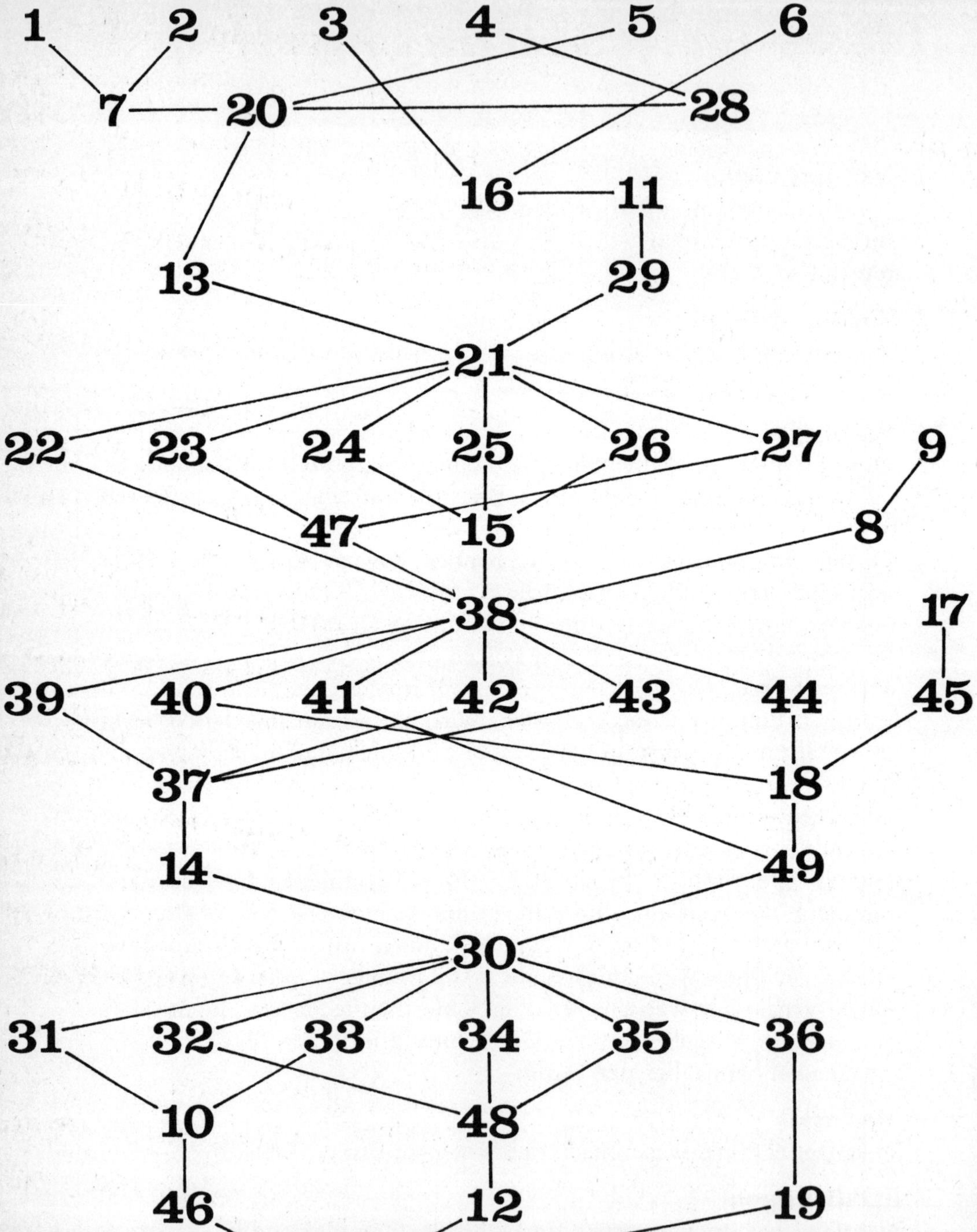
1
2
3
4
5
6
7
20
28
16
11
13
29
21
22
23
24
25
26
27
9
47
15
8
38
17
39
40
41
42
43
44
45
37
18
14
49
30
31
32
33
34
35
36
10
48
46
12
19
50

Fragen

1 *Wer hat »Hamlet« geschrieben?*
a) Goethe 3 b) **Shakespeare 7** c) Shaw 4
2 *Welcher Apostel war nicht mit Jesus zusammen unterwegs?*
a) Petrus 1 b) Jakobus 4 c) **Paulus 7**
3 *Wie viele Kanten hat ein normaler Spielwürfel?*
a) sechs 6 b) acht 2 c) **zwölf 16**
4 *Wie heißt die Einehe?*
a) **Monogamie 28** b) Monotonie 6 c) Monographie 4
5 *Wie viele Prozente der Erdoberfläche werden von Meeren bedeckt?*
a) 95,6% 1 b) 10,2% 6 c) **70,7% 20**
6 *Wie heißt die französische Nationalhymne?*
a) **Marseillaise 16** b) Trikolore 5 c) Bouillabaisse 2
7 *Wie nennt man den weiblichen Fuchs?*
a) Drohne 5 b) **Fähe 20** c) Drachme 6
8 *Wieviel ist ein Millimeter auf der Karte 1:25000 in Wirklichkeit?*
a) 2,5 m 24 b)**25 m 38** c) 250 m 47
9 *Wie viele Psalmen gibt es in der Bibel?*
a) **150 8** b) 125 13 c) 100 29
10 *Was ist »Dressing«?*
a) Bekleidung 47 b) Tiernummer im Zirkus 18 c) **Salatsauce 46**
11 *Wie viele schwarze Tasten hat ein Klavier?*
a) 40 7 b) 37 2 c) **35 29**
12 *Wieviel mißt der Erdradius?*
a) 40123 km 33 b) 12740 km 36 c) **6370 km 50**
13 *Welches Land grenzt nicht an Andorra?*
a) **Portugal 21** b) Spanien 11 c) Frankreich 16
14 *Welcher Stern ist der Erde am nächsten?*
a) Mond 38 b) Wega 26 c) **Sonne 30**
15 *Was bedeutet das Wort »Hypothese«?*
a) die dritten Zähne 11 b) **Behauptung 38** c) längste Seite im rechtwinkligen Dreieck 27
16 *Welches ist der wöchentliche Ruhetag der Moslems?*
a) Sonntag 7 b) Samstag 4 c) **Freitag 11**
17 *Die Schallgeschwindigkeit mißt*
a) 1150 m/s 13 b) 300000 m/s 9 c) **333 m/s 45**
18 *Welches Instrument gehört an die bezeichnete Stelle?*
Blockflöte/??????/Saxophon/Gitarre/Waldhorn/Cello.
a) Trompete 8 b) **Geige 49** c) Querflöte 43

19 *Wie viele Briefe schrieb der Apostel Paulus?*
a) 9 23 b) 11 14 c) **13 50**
20 *Wie hießen die Söhne Adams?*
a) Kain, Abel, Salomo 3 b) **Abel, Kain, Set 13** c) Kain, Abel, Samuel 16
21 *Würfle einmal und suche den entsprechenden Posten:*
Bei 1 = 22 / bei 2 = 23 / bei 3 = 24 / bei 4 = 25 / bei 5 = 26 / bei 6 = 27
22 *Welches ist der älteste christliche Feiertag?*
a) **Ostern 38** b) Weihnachten 13 c) Pfingsten 28
23 *Welches Wort gehört in die Lücke? Frucht/Ast/Baum/Fuß/????/Mensch*
a) Leib 5 b) **Bein 47** c) Zehen 11
24 *Welches ist die meistgesprochene Sprache?*
a) Spanisch 29 b) Englisch 20 c) **Chinesisch 15**
25 *Wie lange kann ein Mensch ohne Sauerstoff leben, ohne Schaden zu nehmen?*
a) **3 min 15** b) 5 min 6 c) 9 min 20
26 *Der erwachsene Mensch hat 5 bis 7 Liter Blut. Wieviel darf er verlieren, bis es zu einem lebensbedrohenden Zustand kommt?*
a) ¼ Liter 29 b) **1–1,5 Liter 15** c) 3 Liter 28
27 *Welches sind die lebensrettenden Sofortmaßnahmen?*
a) Lagerung – Alarmierung – Abtransport 4
b) **Lagerung – Beatmung – Blutstillung 47**
c) Beatmung – Blutstillung – Lagerung 23
28 *Wie lagert man einen Schockverdächtigen?*
a) Kopf hochlagern und Beine anziehen 1
b) **Flache Lagerung, Beine leicht erhöht, Wärmeschutz 20**
c) Flache Lagerung, kalte Umschläge auf den Kopf 7
29 *Wie heißt der Höhenunterschied zwischen zwei Höhenkurven auf der Karte?*
a) Aquädukt 2 b) **Äquidistanz 21** c) Äquator 28
30 *Würfle einmal und suche den entsprechenden Posten:*
bei 1 = 31 / bei 2 = 32 / bei 3 = 33 / bei 4 = 34 / bei 5 = 35 / bei 6 = 36
31 *Welcher ist der Vater?*
a) Esau 40 b) Jakob 45 c) **Isaak 10**
32 *Welches ist der längste Fluß in Europa?*
a) Rhone 41 b) Mosel 37 c) **Wolga 48**
33 *Wie hieß der Bruder von Mose?*
a) Josua 44 b) **Aaron 10** c) Hur 25
34 *Der 23. Psalm »Der Herr ist mein Hirte« ist von:*
a) Salomo 8 b) Jeremia 42 c) **David 48**
35 *In welcher Sprache wurde das Neue Testament ursprünglich verfaßt?*
a) **Griechisch 48** b) Latein 42 c) Hebräisch 43
36 *Wer hat Jesus geholfen, das Kreuz zu tragen?*
a) **Simon von Zyrene 19** b) Barabbas 40 c) David 27

37 *Wieviel Liter Milch benötigt der Käser, um einen 90 kg schweren Emmentalerkäse zu produzieren?*
a) 750 Liter 45 b) **1000 Liter 14** c) 1250 Liter 15

38 *Würfle einmal und suche den entsprechenden Posten:*
bei 1 = 39 / bei 2 = 40 / bei 3 = 41 / bei 4 = 42 / bei 5 = 43 / bei 6 = 44

39 *Was ist eine Polonaise?*
a) eine Sauce 17 b) eine polnische Landschaft 29 c) **ein Tanzspiel 37**

40 *Was sind die Musen?*
a) **Göttinnen 18** b) Ausstellungen 25 c) Püriermaschinen 20

41 *Was ist Popocatépetl?*
a) **ein Berg 49** b) eine Stadt 9 c) Frühstücksflocken 16

42 *Woraus besteht Messing?*
a) Kupfer und Eisen 13 b) **Kupfer und Zink 37** c) Messing ist reines Metall 23

43 *Wie heißt die Hauptstadt von Australien?*
a) Sydney 22 b) Melbourne 27 c) **Canberra 37**

44 *In welchem Land liegt die Stadt »Daressalam«?*
a) **Tansania 18** b) Liberia 9 c) Saudi-Arabien 24

45 *Welches ist der längste Fluß?*
a) **Amazonas 18** b) Nil 9 c) Mississippi 26

46 *Wie viele Suren hat der Koran?*
a) 63 33 b) 99 28 c) **114 50**

47 *Wer sagte im Blick auf die Erde: »Und sie bewegt sich doch!«?*
a) Wilhelm Busch 21 b) **Galileo Galilei 38** c) Leonardo da Vinci 26

48 *Wie groß ist der Umfang eines Papierbogens A 5?*
a) **71,6 cm 12** b) 79,8 37 c) 81,6 2

49 *Wer betrat als erster Mensch den Mond?*
a) Glenn 47 b) White 17 c) **Armstrong 30**

50 *Am Ziel!*

Posten 1

Wer hat »Hamlet« geschrieben?

a) Goethe 3
b) Shakespeare 7
c) Shaw 4

Posten 4

Wie heißt die Einehe?

a) Monogamie 28
b) Monotonie 6
c) Monographie 4

Posten 2

Welcher Apostel war nicht mit Jesus zusammen unterwegs?

a) Petrus 1
b) Jakobus 4
c) Paulus 7

Posten 5

Wie viele Prozente der Erdoberfläche werden von Meeren bedeckt?

a) 95,6% 1
b) 10,2% 6
c) 70,7% 20

Posten 3

Wie viele Kanten hat ein normaler Spielwürfel?

a) sechs 6
b) acht 2
c) zwölf 16

Posten 6

Wie heißt die französische Nationalhymne?

a) Marseillaise 16
b) Trikolore 5
c) Bouillabaisse 2

Posten 7

Wie nennt man den weiblichen Fuchs?

a)	Drohne	5
b)	Fähe	20
c)	Drachme	6

Posten 8

Wieviel ist ein Millimeter auf der Karte 1:25000 in Wirklichkeit?

a)	2,5 m	24
b)	25 m	38
c)	250 m	47

Posten 9

Wie viele Psalmen hat die Bibel?

a)	150	8
b)	125	13
c)	100	29

Posten 10

Was ist »Dressing«?

a)	Bekleidung	47
b)	Tiernummer im Zirkus	18
c)	Salatsauce	46

Posten 11

Wie viele schwarze Tasten hat ein Klavier?

a)	40	7
b)	37	2
c)	35	29

Posten 12

Wieviel mißt der Erdradius?

a)	40123 km	33
b)	12740 km	36
c)	6370 km	50

Posten 13

Welches Land grenzt an Andorra?

a) Portugal 21
b) Spanien 11
c) Frankreich 16

Posten 16

Welches ist der wöchentliche Ruhetag der Moslems?

a) Sonntag 7
b) Samstag 4
c) Freitag 11

Posten 14

Welcher Stern ist der Erde am nächsten?

a) Mond 38
b) Wega 26
c) Sonne 30

Posten 17

Die Schallgeschwindigkeit mißt?

a) 1150 m/s 13
b) 300 000 m/s 9
c) 333 m/s 45

Posten 15

Was bedeutet das Wort »Hypothese«?

a) die dritten Zähne 11
b) Behauptung 38
c) Seite im rechtwinkligen Dreieck 27

Posten 18

Welches Instrument gehört an die bezeichnete Stelle?
Blockflöte / ?????? / Saxophon / Gitarre / Waldhorn / Cello.

a) Trompete 8
b) Geige 49
c) Querflöte 43

Posten 19

Wie viele Briefe schrieb der Apostel Paulus?

a)	9	23
b)	11	14
c)	13	50

Posten 20

Wie hießen die Söhne Adams?

a)	Kain, Abel, Salomo	3
b)	Abel, Kain, Set	13
c)	Kain, Abel, Samuel	16

Posten 21

Würfle einmal und suche den entsprechenden Posten:

bei 1 = 22	bei 2 = 23
bei 3 = 24	bei 4 = 25
bei 5 = 26	bei 6 = 27

Posten 22

Welches ist der älteste christliche Feiertag?

a)	Ostern	38
b)	Weihnachten	13
c)	Pfingsten	28

Posten 23

Welches Wort gehört in die Lücke?
Frucht / Ast / Baum / Fuß / ??? / Mensch

a)	Leib	5
b)	Bein	47
c)	Zehen	11

Posten 24

Welches ist die meistgesprochene Sprache?

a)	Spanisch	29
b)	Englisch	20
c)	Chinesisch	15

Posten 25

Wie lange kann ein Mensch ohne Sauerstoff leben, ohne Schaden zu nehmen?

a) 3 min 15
b) 5 min 6
c) 9 min 20

Posten 26

Der erwachsene Mensch hat 5 bis 7 Liter Blut. Wieviel darf er verlieren, bis es zu einem lebensbedrohenden Zustand kommt?

a) ¼ Liter 29
b) 1–1,5 Liter 15
c) 3 Liter 28

Posten 27

Welches sind die lebensrettenden Sofortmaßnahmen?

a) Lagerung – Alarmierung – Abtransport 4
b) Lagerung – Beatmung – Blutstillung 47
c) Beatmung – Blutstillung – Lagerung 23

Posten 28

Wie lagert man einen Schockverdächtigen?

a) Kopf hochlagern und Beine anziehen 1
b) Flache Lagerung, Beine leicht erhöht, Wärmeschutz 20
c) Flache Lagerung, kalte Umschläge auf den Kopf 7

Posten 29

Wie heißt der Höhenunterschied zwischen zwei Höhenkurven auf der Karte?

a) Aquädukt 2
b) Äquidistanz 21
c) Äquator 28

Posten 30

Würfle einmal und suche den entsprechenden Posten:

bei 1 = 31 bei 2 = 32
bei 3 = 33 bei 4 = 34
bei 5 = 35 bei 6 = 36

Posten 31

Welcher ist der Vater?

a) Esau 40
b) Jakob 45
c) Isaak 10

Posten 32

Welches ist der längste Fluß in Europa?

a) Rhone 41
b) Mosel 37
c) Wolga 48

Posten 33

Wie hieß der Bruder von Mose?

a) Josua 44
b) Aaron 10
c) Hur 25

Posten 34

Der 23. Psalm »Der Herr ist mein Hirte« ist von:

a) Salomo 8
b) Jeremia 42
c) David 48

Posten 35

In welcher Sprache wurde das Neue Testament ursprünglich verfaßt?

a) Griechisch 48
b) Latein 42
c) Hebräisch 43

Posten 36

Wer hat Jesus geholfen, das Kreuz zu tragen?

a) Simon von Zyrene 19
b) Barabbas 40
c) David 27

Posten 37

Wieviel Liter Milch benötigt der Käser, um einen 90 kg schweren Emmentalerkäse zu produzieren?

a) 750 Liter	45
b) 1000 Liter	14
c) 1250 Liter	15

Posten 38

Würfle einmal und suche den entsprechenden Posten:

bei 1 = 39	bei 2 = 40
bei 3 = 41	bei 4 = 42
bei 5 = 43	bei 6 = 44

Posten 39

Was ist eine Polonaise?

a) eine Sauce	17
b) eine polnische Landschaft	29
c) ein Tanzspiel	37

Posten 40

Was sind die Musen?

a) Göttinnen	18
b) Ausstellungen	25
c) Püriermaschinen	20

Posten 41

Was ist Popocatépetl?

a) ein Berg	49
b) eine Stadt	9
c) Frühstücksflocken	16

Posten 42

Woraus besteht Messing?

a) Kupfer und Eisen	13
b) Kupfer und Zink	37
c) Messing ist reines Metall	23

Posten 43

Wie heißt die Hauptstadt von Australien?

a) Sydney 22
b) Melbourne 27
c) Canberra 37

Posten 44

In welchem Land liegt die Stadt »Daressalam«?

a) Tansania 18
b) Liberia 9
c) Saudi-Arabien 44

Posten 45

Welches ist der längste Fluß?

a) Amazonas 18
b) Nil 9
c) Mississippi 24

Posten 46

Wie viele Suren hat der Koran?

a) 63 33
b) 99 28
c) 114 50

Posten 47

Wer sagte im Blick auf unsere Erde: »Und sie bewegt sich doch!«?

a) Wilhelm Busch 21
b) Galileo Galilei 38
c) Leonardo da Vinci 26

Posten 48

Wie groß ist der Umfang eines Papierbogens A 5?

a) 71,6 cm 12
b) 79,8 cm 37
c) 81,6 cm 2

Posten 49	Posten 50
Wer betrat als erster Mensch den Mond? a) Glenn 47 b) White 17 c) Armstrong 30	Warte weitere Anweisungen ab!

6
Frage- und Antwortspiele

62 Poker-Quiz mit 340 ausgewählten Fragen
63 Quiz für Spezialisten
64 Regenbogenquiz mit 240 ausgewählten Fragen
65 Hitparade (Musikquiz)
66 Biblisches Fußballmatch mit 206 ausgewählten Fragen

Pokerquiz mit 340 ausgewählten Fragen

62

1 Art und Ort

Quizrunde nach dem Motto: Wer wagt, gewinnt, aber wer zu viel wagt, kann viel verlieren.

2 Vorbereitungen

Schokolade-Herzchen oder etwas Ähnliches besorgen.

3 Spielregel

- 5 bis 6 Teilnehmer/innen schließen sich zu einer Gruppe zusammen.
- Jede Gruppe bekommt ca. 20 Schokolade-Herzchen oder etwas Ähnliches (Zündhölzchen gehen auch) und Notizmaterial. Der Spielleiter behält genügend Herzchen in seiner »Spielbank«.
- Der/die Spielleiter/in gibt bekannt, aus welchem Wissensgebiet die folgenden drei Fragen stammen werden.
- Jede Gruppe überlegt, ob sie sich in diesem Gebiet sicher fühlt und sagt, wieviel Herzchen sie setzen will (mindestens immer eines) und legt sie in die Mitte.
- Der Spielleiter stellt die Fragen, und die Gruppen schreiben ihre Antworten auf ein Notizpapier.
- Jede Gruppe, die alle drei Antworten richtig hat, bekommt doppelt soviele Herzchen, wie sie gesetzt hat. – Jede Gruppe, die zwei Antworten richtig hat, bekommt die gesetzten Herzchen wieder zurück. – Jede Gruppe, die nur eine oder keine Antwort richtig hat, verliert die gesetzten Herzchen.
- Gewonnen hat, wer am Schluß die meisten Herzchen besitzt.

4 Material

Notizmaterial für die Gruppen, Schokolade-Herzchen oder etwas Ähnliches, z. B. Sugus oder Karamels.

5 Erfahrungen

Das Pokern in der Gruppe kann zu interessanten Prozessen zwischen den eher ängstlichen und den wagemutigen Teilnehmern/innen führen. Der/die Spielleiter/in sollte am Ende noch so viele Herzchen in seiner »Spielbank« haben, daß auch die Verlierergruppe noch etwas zum Naschen hat.

Literatur

1 In welchem Märchen reißt sich ein Zwerg mitten entzwei und versinkt in den Boden aus Zorn darüber, daß sein Name erraten wurde? **Rumpelstilzchen**
2 In welchem Märchen tritt ein Tier in Stiefeln auf? **Der gestiefelte Kater**
3 Woran erkennt man, daß Pinocchio lügt? **Seine Nase wächst**
4 Welches Buch ist in grüner und roter Schrift gedruckt? **Die unendliche Geschichte**
5 Wie heißen die Neffen von Donald Duck? **Tick, Trick, Track**
6 Wie heißt eine berühmte Mädchenfigur von Astrid Lindgren? **Pippi Langstrumpf**
7 Wie lange lebte Robinson Crusoe auf seiner Insel? **28 Jahre, 2 Monate und 9 Tage**
8 Wer illustrierte »Max und Moritz«? **Wilhelm Busch**
9 Welcher Schriftsteller erfand die Figur des Kommissars Maigret? **Georges Simenon**
10 »Von der Stirne heiß, rinnen muß der Schweiß«: Aus welchem Gedicht stammt dieser Satz? **Das Lied von der Glocke, von F. Schiller**
11 Was versteht man unter Vers? **Die metrisch gegliederte Wortreihe eines Gedichtes**
12 Was ist eine Ballade? **Ein lyrisch-episches Gedicht**
13 Wie viele Bücher hat Karl May geschrieben? **73 Bände**
14 In einem Roman von Erich Kästner spielen Kinder Detektive. Wie heißt der Roman? **Emil und die Detektive**
15 Welches jüdische Mädchen wurde durch sein Tagebuch bekannt? **Anne Frank**
16 Wie nennt man das Buch der Bücher? **Die Bibel**
17 Wer erfand die Figur des James Bond? **Ian Fleming**
18 Wer »lebt« am Ufer des Mississippi in einer Tonne? **Huckleberry Finn**
19 Welchen Beruf hatte Old Shatterhand? **Landvermesser**
20 In welchem Märchen frißt ein Wolf eine Kreide, um seine Stimme gefälliger zu machen? **Rotkäppchen**

Musik

1 Wie viele Tasten hat ein normals Klavier? **88**
2 Was ist eine Partitur? **Eine übersichtliche Zusammenstellung aller Stimmen in einem Musikstück**
3 Wie viele Saiten hat eine Geige? **Vier**

4 Was ist ein Konzertmeister? **Der erste Geiger eines Orchesters**
5 Wie viele Linien hat unser Notensystem? **Fünf**
6 Welcher der vier Beatles gehört nicht zu den Gründern der Gruppe? **Ringo Starr**
7 Woher stammt der Reggae? **Aus Jamaika**
8 Was ist ein Duett? **Ein musikalischer Vortrag von zwei Personen**
9 Was bedeutet in der Musik ein Kreuz vor der Note? **Die Erhöhung dieser Note um einen halben Ton**
10 Wer komponierte das Musical »West Side Story«? **Leonard Bernstein**
11 Wer ist der Komponist von »Eine kleine Nachtmusik«? **Wolfgang Amadeus Mozart**
12 Welchen Takt hat der Walzer? **Dreivierteltakt**
13 In welchem Land ist »Mazurka« Nationaltanz? **Polen**
14 Welchen Takt hat ein Tango? **Viervierteltakt**
15 Wie lauten die deutschen Bezeichnungen für Violine und Viola? **Geige und Bratsche**
16 In welchem Kinderlied hat ein Tier etwas gestohlen? **Fuchs, du hast die Gans gestohlen**
17 In welchem Kinderlied wollte ein Tier Hochzeit machen? **Ein Vogel wollte Hochzeit machen**
18 In welchem Lied ging jemand allein in die weite Welt, als er klein war? **Hänschen klein**
19 Was ist ein Spinett? **Vorgänger des Klaviers**
20 Was versteht man unter »vivace«? **Die Anweisung »lebhaft« zu spielen**

Politik und Wirtschaft

1 Wer sitzt im Bundestag? **Abgeordnete**
2 Aus welchen beiden Häusern setzt sich der amerikanische Kongreß zusammen? **Aus Repräsentantenhaus und Senat**
3 Von wem wird der amerikanische Präsident gewählt? **Von 538 Wahlmännern**
4 Was bedeutet die Abkürzung COMECON? **Rat für gegenseitige Wirtschaftshilfe der Ostblockstaaten**
5 Wer gehört zum Commonwealth? **Die Staaten des früheren britischen Empire**
6 Wann wurde Israel ein unabhängiger Staat? **Im Jahre 1948**
7 Wer war der erste Präsident der Vereinigten Staaten von Amerika? **George Washington**
8 Wer war der erste römische Kaiser? **Augustus**
9 Wie nennt man den Amtssitz des US-Präsidenten? **Das Weiße Haus**

10 Was bedeutet Gewaltenteilung? **Die Trennung der Staatsgewalt in eine gesetzgebende, ausführende und richterliche Gewalt**
11 Was ist eine Fraktion? **Die Verbindung von Abgeordneten der gleichen Partei in einer Volksvertretung**
12 Wie hieß der Inselstaat Sri Lanka bis 1972? **Ceylon**
13 Wann begann der Zweite Weltkrieg? **1. September 1939**
14 Was ist unter Plebiszit zu verstehen? **Eine Volksabstimmung**
15 Welche Flagge haben die Vereinten Nationen? **Eine weiße Weltkugel auf blauem Grund**
16 Was ist Dividende? **Der Gewinnanteil der Aktionäre bei einer Aktiengesellschaft**
17 Was versteht man unter einer Baisse? **Das Absinken des Börsenkurses**
18 Was versteht man unter ABC-Waffen? **Es ist die Sammelbezeichnung für atomare, biologische und chemische Waffen**
19 Was versteht man unter Agrarpolitik? **Alle Maßnahmen des Staates, die auf die Gestaltung der wirtschaftlichen, sozialen und rechtlichen Verhältnisse in der Landwirtschaft ausgerichtet sind**
20 Was ist ein Bruttosozialprodukt? **Der Geldwert aller in einem bestimmten Zeitraum von den Mitgliedern einer Volkswirtschaft erbrachten Leistungen**

Medizin

1 Wie vermehrt sich die Zelle? **Durch Teilung**
2 Wie viele Zähne hat das Milchgebiß? **Zwanzig**
3 Welches ist der kleinste Knochen des Menschen? **Der Steigbügel im Ohr des Menschen**
4 Wie viele Bakterien leben im Mund des Menschen? **Etwa 40000**
5 Welches ist die stärkste Sehne des Menschen? **Die Achillessehne**
6 Was fehlt Blutern? **Blutgerinnungsstoff**
7 Welches menschliche Organ besteht aus Nerven und Wasser? **Das Gehirn**
8 Was ist ein Ekzem? **Ein Hautausschlag**
9 Was bedeutet Chirurgie übersetzt? **Handarbeit**
10 Wie nennt man die fernöstliche Heilkunst mit Nadeln? **Akupunktur**
11 Wo hat der Mensch eine Schnecke? **Im Ohr**
12 Warum zittert ein Mensch, wenn er friert? **Weil durch Bewegung Wärme entsteht**
13 Wie nennt man die tiefste Bewußtlosigkeit? **Koma**
14 Wieviel Blut pumpt das Herz täglich durch den Körper? **10000 Liter**
15 Welche Krankheitserreger rufen Schnupfen hervor? **Viren**

16 In welcher Zeit werden 0,8 Promille Blutalkohol im Menschen abgebaut? **In etwa acht Stunden**
17 Wieviel Blut hat ein erwachsener Mensch? **Fünf bis sechs Liter**
18 Wie viele Arten von Blutgruppen gibt es? **Vier Hauptgruppen: A, B, AB und 0 [Null]**
19 In welche Richtung transportieren die Venen das Blut? **Vom Gewebe zum Herzen zurück**
20 Welches Blut transportieren die Arterien? **Sauerstoffreiches Blut vom Herzen zu den Geweben**

Chemie und Physik

1 Was passiert mit Luft, die auf -180 °C abgekühlt wird? **Sie wird flüssig**
2 Wie nennt man die Zähleinheiten in der Akustik? **Dezibel**
3 Wie heißt die Milchstraße in der Fremdsprache? **Galaxis**
4 Was passiert mit Eisen, wenn es auf 3000 °C erhitzt wird? **Es wird gasförmig**
5 Wird Eisen durch Rost leichter oder schwerer? **Schwerer**
6 Aus welchen Metallen wird Bronze hergestellt? **Aus Kupfer und Zinn**
7 Was ist eigentlich Tau? **Kondenswasser**
8 Welche Strahlen bräunen? **Die ultra-violetten Strahlen**
9 Was braucht eine Flamme, um zu brennen? **Sauerstoff**
10 Bei welcher Temperatur schmilzt Eisen? **Bei 1535 °C**
11 Wie nennt man die Verbindung aus Wasserstoff und Sauerstoff? **Wasser**
12 Bei wieviel Hertz liegen die tiefsten Töne, die der Mensch hören kann? **Bei 16 Hertz**
13 Wann schwimmt ein Körper im Wasser? **Wenn sein spezifisches Gewicht geringer ist als das des Wassers**
14 Wer ist für Ebbe und Flut verantwortlich? **Der Mond**
15 Was versteht man unter einem Lichtjahr? **Die Entfernung, die das Licht in einem Jahr zurücklegt**
16 Welcher Fixstern leuchtet am hellsten? **Der Sirius**
17 Warum knallt die Peitsche? **Sie erreicht Überschallgeschwindigkeit**
18 Wie nennt man die Kraft, die uns auf dem Boden der Erde hält? **Schwerkraft**
19 Wie lange braucht das Licht von der Sonne bis zur Erde? **Acht Minuten**
20 Was ist der 86400. Teil eines mittleren Sonnentages? **Eine Sekunde**

Kunst

1 Wie starb Vincent van Gogh? **Er erschoß sich**
2 Was versteht man unter Aquarell? **Ein mit Wasserfarben auf Papier gemaltes Bild**
3 Welcher Maler schnitt sich im Zustand geistiger Verwirrung ein Ohr ab? **Vincent van Gogh**
4 Was versteht man unter Stilleben? **Die Darstellung von leblosen oder unbewegten Gegenständen**
5 Was sind Aquarellfarben? **Wasserfarben**
6 Was versteht man unter »Vernissage«? **Die Eröffnung einer Kunstausstellung in einer Galerie**
7 Was ist eine Palette? **Ein ovales Brett, auf dem der Maler seine Farben mischt**
8 Was ist eine Apsis? **Ein runder oder eckiger Altarraum in der Kirche**
9 Was ist ein Kapitell? **Der Kopf einer Säule oder eines Pfeilers**
10 Wie nennt man die Gruft unter dem Altarraum romanischer Kirchen? **Krypta**
11 Welches sind die sogenannten unbunten Farben? **Schwarz, Weiß, Grau**
12 Was versteht man unter einer Statuette? **Eine kleine Statue**
13 Was versteht man unter Fluchtpunkt? **Den Punkt, in dem sich alle parallelen, zur Bildebene senkrechten Graden scheinbar am Horizont treffen**
14 Wer malte das Bild »Mona Lisa«? **Leonardo da Vinci**

Kleidung und Mode

1 Von wem wurde die Toga getragen? **Von den Römern**
2 Welcher Badeanzug ist nach einem Atoll im Ozean benannt? **Bikini**
3 Wie nennt man einen durchgehenden Hosenanzug? **Overall**
4 Welches Hemd wird nach einem Buchstaben benannt? **Das T-Shirt**
5 Welcher Reitsport machte ein Hemd berühmt? **Polo**
6 Wie nennt man den tiefen Ausschnitt an Frauenkleidern? **Dekolleté**

Essen und Trinken

1 Woraus werden Corn-flakes hergestellt? **Aus Mais**
2 Was bedeutet »gratinieren«? **Das Überbacken einer Speise mit Käse**
3 Welche Getreideart wird zum Bierbrauen verwendet? **Gerste**
4 Was ist ein Mozzarella? **Ein italienischer Frischkäse**
5 Was ist eine Nektarine? **Eine Pfirsichsorte mit glatter Haut**

6 Aus was besteht Marzipan? **Aus Mandeln und Zucker**
7 Was ist eine Minestrone? **Eine italienische Gemüsesuppe**
8 Was ist das Ausgangsprodukt für Schokolade? **Die Kakaobutter**
9 Was versteht man unter Menü? **Ein Essen, das aus mehreren Gängen zusammengestellt ist**
10 Was ist eine Bouillabaisse? **Eine besondere Fischsuppe, die aus Marseille stammt**
11 Was sind Antipasti? **Italienische Vorspeisen**
12 Was sind »horsd' oevres«? **Kalte Vorspeisen**
13 Was ist eine Kombüse? **Eine Schiffsküche**
14 Was versteht man in der Kochkunst unter »ablöschen«? **Zugießen einer Flüssigkeit zu erhitzten Lebensmitteln**
15 Was sind Kanapees? **Kleine Weißbrotschnitten, geschmackvoll belegt**
16 Was sind Dressings? **Salatsoßen**
17 Was sind Entrees? **Bei einem großen Menü warme oder kalte Zwischengerichte**
18 Was ist ein Gourmet? **Ein Feinschmecker**
19 Was ist ein Gourmand? **Ein schlemmender Vielfraß**
20 Welches Fleisch ist im Islam verboten? **Schweinefleisch**

Sport

1 Wie nennt man Badminton in Deutschland? **Federball**
2 Wie lange dauert ein reguläres Spiel beim Basketball? **40 Minuten, aufgeteilt in 2 × 20 Minuten reiner Spielzeit**
3 Wie werden die Aktiven im Judo-Sport genannt? **Judokas**
4 Bei welcher Sportart kennt man den Begriff »Axel«? **Beim Eiskunstlauf**
5 Bei welcher Sportart ist das Netz nur 15,25 cm hoch? **Beim Tischtennis**
6 Was signalisiert die gelbe Flagge beim Autorennen? **Achtung: Gefahr**
7 Was ist ein Sulky? **Der Wagen beim Trabrennen, in dem der Jockey sitzt**
8 Welche Sportler haben das Ziel immer im Rücken? **Die Ruderer**
9 Wie viele Löcher hat ein Pool-Billardtisch? **Sechs**
10 Was ist die FIFA? **Der internationale Fußballverband**
11 Wie nennen Springreiter ihre Hindernisbahn? **Parcours**
12 Wann wird beim Tischtennis der Aufschlag gewechselt? **Bei normalem Spielverlauf nach jeweils 5 Punkten**
13 Wie nennt man beim Segeln das Boot, das zwei Rümpfe hat? **Katamaran**
14 Wie heißt beim Billard der Stock, mit dem man die Kugel stößt? **Queue**
15 Wie nennt man beim Minigolf die Bahnen? **Pisten**
16 Bei welchem Sport werden Skulls und Riemen benutzt? **Beim Rudern**

17 Wo fanden die ersten Olympischen Winterspiele statt? **Chamonix in Frankreich**

18 Wie viele Hürden müssen beim 110-m-Hürdenlauf der Männer übersprungen werden? **Zehn**

19 Wie viele Hürden müssen beim 400-m-Hürdenlauf der Männer übersprungen werden? **Zehn**

20 Wie lange ist eine Marathon-Laufstrecke? **42,195 km**

Geographie

1 Welcher Pol liegt im Bereich der Antarktis? **Der Südpol**

2 Welcher Kontinent wurde zuletzt entdeckt? **Australien**

3 Welches ist der flächenmäßig kleinste souveräne Staat der Erde? **Der Vatikanstaat**

4 Welche europäische Hauptstadt wird auch »Ewige Stadt« genannt? **Rom**

5 Der Felsendom ist eine berühmte islamische Moschee. In welcher Stadt steht diese Moschee? **Jerusalem**

6 Wie heißen die drei Ozeane? **Atlantischer Ozean, Indischer Ozean, Pazifischer oder Stiller Ozean**

7 Wie heißt Finnland auf finnisch? **Suomi**

8 Welches ist das größte Land der Erde? **Die Sowjetunion**

9 Welches ist das zweitgrößte Land der Erde? **China**

10 Welches ist das drittgrößte Land der Erde? **Kanada**

11 Welche Sprache wird in Brasilien gesprochen? **Portugiesisch**

12 Wie nennt man die Zone südlich der Sahara, die immer wieder von Dürrekatastrophen bedroht wird? **Sahel-Zone**

13 Die Kaaba ist ein schwarzer Meteorit, der in der heiligen Stadt des Islams steht. Wie heißt diese Stadt? **Mekka**

14 Welches Land liegt zwischen Frankreich und Spanien? **Andorra**

15 Wie heißt der längste Fluß Europas? **Wolga**

16 Wie heißt der höchste Berg der Alpen? **Montblanc**

17 Welches ist der höchste Berg Afrikas? **Kilimandscharo**

18 Welches ist der höchste Berg der Erde? **Mount Everest**

19 Welches ist der größte Ozean? **Der Pazifische Ozean**

20 Welches ist der kleinste Kontinent? **Australien**

21 Wie heißt Europas nördlichste Stadt? **Hammerfest**

22 Wie heißt der längste Fluß der Welt? **Nil**

23 Wie heißt Europas höchster Vulkan? **Ätna auf Sizilien**

24 Welcher Fluß gilt als der Wasserreichste der Welt? **Amazonas**

25 Wie heißt die Hauptstadt von Liechtenstein? **Vaduz**

26 Wie hieß Sri Lanka früher? **Ceylon**

In welcher Stadt befindet sich folgende Straße?

27 Reeperbahn? **Hamburg**
28 Kurfürstendamm? **Berlin**
29 Wall-Street? **New York**
30 Champs-Élysées? **Paris**
31 In welcher französischen Stadt haben von 1309 bis 1376 Päpste residiert? **In Avignon**
32 Wie heißt Europas höchstgelegene Hauptstadt? **Andorra la Velle**
33 In welcher Stadt befindet sich der Hydepark? **In London**
34 In welcher Stadt befindet sich der Prater? **In Wien**
35 In welcher Stadt befindet sich die Place Pigalle? **In Paris**
36 Durch welche Länder fließt die Rhone? **Durch die Schweiz und Frankreich**
37 Wo entspringt der Amazonas? **In den Anden**
38 Wie heißen die Gezeiten? **Ebbe und Flut**
39 Wie nennt man die Steppen Südamerikas? **Pampas**
40 Was ist ein Atoll? **Eine ringförmige Koralleninsel**

Geschichte

1 Wer war der erste Kaiser des Heiligen Römischen Reiches Deutscher Nation? **Karl der Große**
2 In welchem Jahr wurde der erste Kaiser gekrönt? **Im Jahre 800**
3 Wann fanden die Kreuzzüge statt? **Im 11. bis 13. Jahrhundert**
4 Wann wurde die Reformation ausgelöst? **Im Jahre 1517**
5 Durch wen wurde die Reformation ausgelöst? **Durch Martin Luther mit der Verkündung der 95 Thesen gegen den Ablaßhandel**
6 Von wann bis wann dauerte der Dreißigjährige Krieg? **Von 1618 bis 1648**
7 Wann begann der Erste Weltkrieg? **Am 1. August 1914**
8 Wer war der erste Präsident der Vereinigten Staaten von Amerika? **George Washington**
9 Wann fielen die ersten Atombomben auf Hiroschima und Nagasaki? **Am 6. und 9. August 1945**
10 Zwischen wem fand der 100jährige Krieg statt? **Zwischen England und Frankreich**
11 Wann dankte der letzte Zar ab? **Am 15. 3. 1917**
12 Wer waren die Gladiatoren? **Speziell ausgebildete römische Berufskämpfer, die in öffentlichen Spielen gegeneinander oder gegen wilde Tiere kämpften**
13 Wie nannte man die Richter in den arabischen Staaten? **Kadi**

14 Wann begann der Bürgerkrieg im Libanon? **Im April 1975**
15 Wann hielt sich Martin Luther auf der Wartburg versteckt? **1521 bis 1522**
16 Wann wurde der Sonntag als Ruhetag eingeführt? **Im Jahre 321**
17 Wann wurde das Christentum zur Staatsreligion im Römischen Reich erhoben? **Im Jahre 391**
18 Wann wurde die Unabhängigkeit der Schweizer Eidgenossenschaft durch das Haus Habsburg anerkannt? **Im Jahre 1389**
19 Wer führte die erste Erdumseglung durch? **Fernào de Magalhàes**
20 In welchem Jahr kauften die USA Alaska von Rußland? **Im Jahre 1867**

Pflanzen und Tiere

1 Wie nennt man die Wälder am Äquator, deren dichte Vegetation reich an Sumpfpflanzen ist? **Tropische Regenwälder**
2 Was ist Chlorophyll? **Blattgrün**
3 Welcher gefährliche Giftpilz ist leicht mit dem Champignon zu verwechseln? **Der Knollenblätterpilz**
4 Welche immergrüne Pflanze gilt als Symbol für Treue und Beständigkeit? **Efeu**
5 Woraus gewinnt man Kork? **Aus der Rinde der Korkeiche**
6 Welcher Nadelbaum wirft im Winter seine Nadeln ab? **Die Lärche**
7 Woraus besteht Weihrauch? **Aus Harzen**
8 Wie heißt das Pflanzenprodukt zur Herstellung von Papier? **Zellulose**
9 Welche Meerestiere gehören zu den Säugetieren? **Wale, Delphine, Robben und Seekühe**
10 Welche Durchschnittsgeschwindigkeit kann ein Rennpferd erreichen? **60 km/h**
11 Wieviel Nahrung nimmt ein ausgewachsener Elefant täglich zu sich? **250 bis 270 kg**
12 Wodurch unterscheidet sich ein Dromedar von einem Kamel? **Ein Dromedar hat nur einen Höcker**
13 Welches Tier erreicht im Verhältnis zu seiner Größe die bedeutendste Sprunghöhe? **Der Floh**
14 Wie heißt das größte lebende Säugetier? **Grönlandwal**
15 Was sind Fossilien? **Vorweltliche versteinerte Tier- und Pflanzenteile**
16 Gibt es fliegende Säugetiere? **Die Fledermäuse**
17 Wie nennt man die Larve des Maikäfers? **Engerling**
18 Zu welcher Gattung gehört die Blindschleiche? **Zu den Eidechsen**
19 Welches ist die größte Schlange? **Die Anakonda**
20 Welches ist der größte lebende Vogel? **Der Strauß**

Sprichwörter und Aussprüche

Wie lautet das Sprichwort vollständig:

1 »...ist der beste Koch«? **Hunger**
2 »...ist aller Laster Anfang«? **Müßiggang**
3 »In der ... frißt der Teufel Fliegen«? **Not**
4 »Die ... läßt das Mausen nicht«? **Katze**
5 »Es ist noch kein ... vom Himmel gefallen«? **Meister**
6 »Der ... fällt nicht weit vom Stamm«? **Apfel**
7 »Gebranntes ... scheut das Feuer«? **Kind**
8 »Mancher sieht den Wald .... nicht«? **vor – lauter – Bäumen**
9 »Wo kein ..., da kein Richter«? **Kläger**
10 »......ist auch eine Antwort«? **Keine Antwort**
11 »Wie man in den ... hineinruft, so ... es heraus«? **Wald – schallt**
12 »... werden ist nicht schwer, ... sein dagegen sehr«? **Vater – Vater**
13 »...ist, wenn man trotzdem...«? **Humor – lacht**
14 »Die Botschaft ... wohl, allein mir fehlt der...«? **hör ich – Glaube**
15 »Wo viel Licht ist, ist ......«? **starker Schatten**
16 Wer den ... hat, braucht für den ... nicht zu sorgen«? **Kummer – Spott**
17 »Der ... denkt, ... lenkt«? **Mensch – Gott**
18 »Es ist nicht gut, daß der ...... sei«? **Mensch – allein**
19 »...ist seines ... Schmied«? **Jeder – Glückes**
20 »Glück und ..., wie leicht bricht das«? **Glas**

Fremdwörter

Was bedeutet:

1 Aggression? **Angriffsverhalten, Überfall**
2 Anekdote? **Kurze Geschichte mit überraschender Pointe**
3 Aspekt? **Ansicht, Gesichtspunkt**
4 Audienz? **Empfang**
5 Autor? **Urheber, Verfasser**
6 Blasphemie? **Gotteslästerung**
7 Brouillon? **Erster schriftlicher Entwurf, Skizze**
8 Defilee? **Feierlicher Vorbeimarsch**
9 Degustation? **Kostprobe**
10 Delinquent? **Übeltäter**
11 Depression? **Niedergeschlagenheit**
12 Detail? **Einzelheit, Einzelteil**
13 Dialog? **Zwiegespräch, Wechselgespräch**
14 dito? **Dasselbe, ebenso**

15 dubios? **Unsicher, zweifelhaft**
16 Effekt? **Wirkung**
17 Elixier? **Heil- und Zaubertrank**
18 Enthusiasmus? **Begeisterung**
19 Episode? **Nebensächliches Ereignis**
20 Exempel? **Beispiel**

Technik und Abkürzungen

1 Was versteht man unter Technologie? **Die Gesamtheit der zur Gewinnung oder Bearbeitung von Stoffen nötigen Prozesse und Arbeitsvorgänge**
2 Was ist ein Patent? **Das amtlich zugesicherte Recht über die alleinige Benutzung und Verwertung einer Erfindung**
3 Welche Aufgabe haben beim Auto die Heckspoiler? **Sie sollen bei hoher Geschwindigkeit die Bodenhaftung verbessern**
4 Was versteht man unter Hubraum? **Den Raum zwischen oberem und unterem Totpunkt einer Kolbenbewegung**
5 Was bedeutet Mach-2? **Doppelte Schallgeschwindigkeit**
6 Welche Aufgaben hat das Differential in einem Auto? **Es gleicht die verschiedenen Umdrehungsgeschwindigkeiten zwischen den angetriebenen Rädern aus**
7 Welche Aufgabe erfüllt die Kardanwelle? **Sie verbindet das Getriebe mit dem Differential**
8 Was sind Buntmetalle? **Eine unpräzise Bezeichnung für Schwermetalle, die selbst farbig sind oder farbige Legierungen bilden**
9 Was wird mit Ohm bezeichnet? **Die Einheit des elektrischen Widerstandes**
10 Wieviel Kilometer beträgt die Reichweite eines Fernsehsenders? **Meist nur etwa 50 Kilometer**

Was bedeutet die folgende Abkürzung:
11 EDV? **Elektronische Datenverarbeitung**
12 EFTA? **European Free Trade Association/dt.: Europäische Freihandelsassoziation**
13 EG? **Europäische Gemeinschaften**
14 GmbH? **Gesellschaft mit beschränkter Haftung**
15 Interpol? **Internationale polizeiliche Organisation**
16 NATO? **North Atlantic Treaty Organization/dt.: Nordatlantikpakt**
17 UN? **United Nations/dt.: Vereinigte Nationen**

18 UNO? **United Nations Organization/dt.: Organisation der Vereinigten Nationen**
19 UNESCO? **United Nations Educational, Scientific and Cultural Organization/dt.: Organisation der Vereinigten Nationen für Erziehung, Wissenschaft und Kultur**
20 UNICEF? **United Nations International Childrens Emergency Fund/dt.: Weltkinderhilfswerk der UN**

Scherzfragen

1 Was wird kürzer, je länger man zieht? **Die Zigarre**
2 Was sind die beliebtesten Namen? **Einnahmen**
3 Welcher Fall tut nicht immer weh? **Der Zufall**
4 Wer kommt abends, geht morgens und ist nie zu sehen? **Der Schlaf**
5 Was ist bei der Laus groß, beim Elefanten klein? **Der Buchstabe »L«**
6 Welche Winde wehen nicht? **Die Seilwinden**
7 Welcher Berg wächst am schnellsten? **Der Schuldenberg**
8 Was liegt in der Mitte von Rom? **Der Buchstabe »O«**
9 Welches Tal ist das begehrteste? **Das Kapital**
10 Welcher Stecher ist scharf, sticht aber nie? **Der Feldstecher**
11 Welcher Teil des Dreiecks ist genießbar? **Eigentlich nur das Ei, der Rest ist Dreck**
12 Welcher Nagel kann sich verbiegen, aber nie rosten? **Der Fingernagel**
13 Welche Kasse liegt im Wasser? **Die Barkasse**
14 Was läßt sich nicht mit Worten ausdrücken? **Die Zitrone**
15 Welcher Bart wird nie gestutzt? **Der Schlüsselbart**
16 Welche Jahreszeit ist am gefährlichsten? **Der Frühling, weil die Bäume ausschlagen**
17 Womit hört die Nacht auf und fängt der Tag an? **Mit T**
18 In welchem Sack kann man nichts tragen? **Im Dudelsack**
19 Wann mäht man Heu besser: im Juni oder Juli? **Heu mäht man nicht**
20 Welches Wasser kann nicht gefrieren? **Kochendes Wasser**
21 Wer weiß am besten, was den Leuten fehlt? **Der Dieb**
22 Was passiert, wenn ein Engel in einen Misthaufen fällt? **Er bekommt Kotflügel**
23 Welches Wort wird immer falsch geschrieben? **Das Wort »falsch«**
24 Wie viele Leitern braucht man, um von der Erde auf den Mond zu gelangen? **Eine, wenn sie lang genug ist**
25 Wer hört alles und sagt nichts? **Das Ohr**
26 Welche Leiter nützt der Feuerwehr nichts? **Die Tonleiter**
27 Warum sind die größten Leute die faulsten? **Weil sie am längsten im Bett liegen**

28 Was ist das: es ist kein Baum und hat doch viele Blätter? **Das Buch**
29 Wie viele Gebote holte Noach vom Berg Sinai? **Das war Mose, nicht Noach**
30 Wann darf ein Bauer lügen? **Wenn »pf« davor steht**
31 Wer antwortet in allen Sprachen? **Das Echo**
32 Welches Gewicht will keiner verlieren? **Das Gleichgewicht**
33 Welche Tiere feiern ihr ganzes Leben lang Geburtstag? **Die Eintagsfliegen**
34 Mit welchem Schuh kann man nicht laufen? **Mit dem Hemmschuh**
35 Wer hat Zähne und kann doch nicht beißen? **Die Briefmarke**
36 Wer ist besser dran: der Mensch oder das Alphabet? **Das Alphabet, es hat nur ein w, aber der Mensch hat viele Wehs**
37 Was tut der Storch, wenn er auf einem Bein steht? **Er hebt das andere hoch**
38 Welches Bett ist kalt und naß? **Das Bachbett**
39 Was wünscht man sich, um es wieder herzugeben? **Geld**
40 Was setzt der Gärtner als erstes in seinen neuen Garten? **Seinen Fuß**

Quiz für Spezialisten

63

1 Art und Ort

Quiz-Runde für Spezialisten; im Gruppenraum.

2 Vorbereitungen

Keine Vorbereitung nötig.

3 Spielregel

• Jedes Gruppenmitglied ist sicher auf einem Wissensgebiet ein bißchen »besser zu Hause«, d. h. ein Spezialist oder eine Spezialistin auf einem Gebiet. Die Spezialisten und Spezialistinnen schließen sich zu Spezialistengruppen zusammen. Wer sich bei den Tieren und Pflanzen sicher fühlt, setzt sich an einen Tisch; wer sich in der Technik sicher fühlt, setzt sich an einen anderen Tisch usw., bis sich sechs Spezialistengruppen gebildet haben. Es ist gut, wenn die Gruppen ungefähr gleich groß sind.

• Jede Spezialistengruppe wird nun von 1 bis 4 durchnumeriert, so daß vier Spielgruppen entstehen. Die Spezialisten bleiben an ihren Tischen, aber sie »kämpfen« nun für ihre Spielgruppe. Es spielen also nicht die einzelnen Spezialistengruppen gegeneinander, sondern die vier zufällig zusammengesetzten Spielgruppen.

• Der/die Spielleiter/in stellt nun der ersten Spezialistengruppe eine Frage aus ihrem Gebiet. Wer zuerst richtig antwortet, sammelt einen Punkt für seine Spielgruppe. Der Spielleiter schreibt die Punkte auf und stellt der nächsten Spezialistengruppe eine Frage usw., bis alle Gruppen an der Reihe waren.

4 Material

Notizmaterial für die Spielleiter.

5 Erfahrungen

Durch die Einteilung in Spezialistengruppen gibt es beim Antworten in größeren Gruppen kein Durcheinanderbrüllen, und der Spielleiter kann leichter feststellen, wer richtig geantwortet hat. Da erst nach der Einteilung in Spezialistengruppen von 1 bis 4 durchnumeriert wird, ergibt es normalerweise vier ausgeglichene Spielgruppen, und die Chancen sind so gleichmäßiger verteilt.

Regenbogenquiz mit 240 ausgewählten Fragen

64

1 Art und Ort

Würfelspiel-Quiz für Regentage; »Star« in der Gruppe.

2 Vorbereitungen

Spielvorlagen kopieren; Würfel; Spielfiguren und Farbstifte in den Regenbogenfarben besorgen.

3 Spielregel

- 5 bis 6 Teilnehmer/innen schließen sich zu einer Gruppe zusammen.
- Jede Gruppe bekommt einen Würfel, eine Spielfigur, sechs Farbstifte und einen Spielplan.
- Die einzelnen Felder des Regenbogens werden abwechslungsweise in den Regenbogenfarben ausgemalt.
- Jede Farbe bedeutet ein Wissensgebiet: *rot* = Spiel und Sport; *orange* = Technik und Wissenschaft; *gelb* = Kunst und Geschichte; *grün* = Tiere und Pflanzen; *blau* = Land und Leute, Geografie; *violett* = Unterhaltung.
- Jede Gruppe würfelt reihum, setzt die Spielfigur auf das entsprechende Feld und meldet dem Spielleiter die Farbe des Feldes. Je nach Farbe des Feldes wird eine Frage aus dem betreffenden Gebiet gestellt. – Kann die Gruppe ihre Frage richtig beantworten, rückt die Spielfigur um zwei Felder vor. Ist die Antwort falsch, bleibt die Figur, wo sie ist.
- Wer die Taube zuerst erreicht hat, hat gewonnen.

4 Material

Spielpläne, Farbstifte, Würfel, Spielfiguren.

5 Erfahrungen

Die Würfelpunkte sind bei diesem Quiz ebenso entscheidend wie die richtig beantworteten Fragen, d. h. auch wenn eine Gruppe fast nichts weiß, kommt sie der Taube (dem Ziel) immer näher (= Kombination von Würfelglück und Wissen).

Regenbogen-Quiz

Land und Leute

1 Wie heißt das System der Rassentrennung in Südafrika? **Apartheid**
2 Welche Werkzeuge sind auf der Fahne der DDR abgebildet? **Hammer und Zirkel**
3 In welchem Land ist die Cheobs-Pyramide? **Ägypten**
4 Welche beiden Länder liegen am Golf von Biskaya? **Frankreich und Spanien**
5 Nach welchen Lebewesen benennen die Chinesen die Jahre? **Tiere**
6 Welcher Kanal enthält nicht nur Wasser, sondern auch fünfmal den Buchstaben A? **Panamakanal**
7 In welchem Staat regiert Fidel Castro? **Kuba**
8 Welche Verbrecherorganisation entstand in Sizilien? **Mafia**
9 In welchem Land gibt es die meisten Kinos? **Sowjetunion**
10 Welches Land wurde 1980 Kriegsgegner des Irak? **Iran**
11 Welcher Fluß ist an der Mündung so breit wie die Entfernung zwischen Paris und London? **Amazonas**
12 Wofür braucht man als Fußgänger länger: Für einen Kilometer oder für eine Meile? **Meile**
13 Welches Land wird von den größten und meisten Schafherden bevölkert? **Australien**
14 Wird der Schwarztee aus Blüten, Früchten oder Blättern gewonnen? **Blättern**
15 Welcher Fluß fließt durch London? **Themse**
16 In welchem Land liegt Vaduz? **Liechtenstein**
17 In welchem Meer leben weder Tiere noch Pflanzen? **Totes Meer**
18 Welches Land hat Oslo zur Hauptstadt? **Norwegen**
19 Welches Land wird auch das Dach der Welt genannt? **Tibet**
20 Welche beiden Erdteile liegen am Roten Meer? **Afrika und Asien**
21 In welcher Stadt starb der Prophet Mohammed? **Mekka**
22 Welches Land hat die meisten Autos? **USA**
23 Wie heißt das Miniland zwischen Frankreich und Spanien? **Andorra**
24 Was bewachen die Gauchos in Südamerika? **Rinderherden**
25 Wie heißen die Rentiernomaden in Nordskandinavien? **Lappen**
26 Welche Länder gehören zu Skandinavien? **SF, S, N, DK**
27 Welches Land kauften die Amerikaner den Russen ab? **Alaska**
28 In welchem Staat ist Honolulu die Hauptstadt? **Hawaii**
29 Aus welchem Land kommen die Jaffa-Orangen? **Israel**
30 In welchem Land bist du, wenn du mit Yen zahlst? **Japan**
31 Welche Sprache wird im Vatikan am häufigsten gesprochen? **Italienisch**
32 In welchem Land rechnet man mit Kopeken? **Sowjetunion**

33 Welcher europäische Staat liegt innerhalb der Hauptstadt eines anderen Staates? **Vatikan**
34 Welcher Fluß ist der längste der Welt? **Nil**
35 Welches südamerikanische Land ist etwa zwanzigmal so lang wie breit? **Chile**
36 In welchem Königreich liegt Holland? **Niederlanden**
37 Wo kann man einen Polizisten auf Hebräisch nach dem Weg fragen? **Israel**
38 Wie heißt das deutsche Wort für Kontinent? **Erdteil**
39 Welche Sprache wird in Mexiko offiziell gesprochen? **Spanisch**
40 Welcher Erdteil hat als höchsten Berg den Kilimandscharo? **Afrika**

Unterhaltung

1 Wer konnte mit seiner Wunderlampe einen Geist herbeiholen? **Aladin**
2 Was trägt Goofy über seinem Pullover? **Eine schwarze Weste**
3 Wie heißt die deutsche Rockfrau mit dem Töchterchen Cosma? **Nina Hagen**
4 Wer war der Held in dem Thriller »Liebesgrüße aus Moskau«? **James Bond**
5 Welcher Filmheld reiste drei Millionen Lichtjahre zur Erde? **E.T.**
6 Welcher Filmaffe klettert sogar auf Wolkenkratzer? **King Kong**
7 Was für Körner sind auf den Hamburgerbrötchen? **Sesamkörner**
8 Wie hieß der Boxer, den Sylvester Stallone im Film spielt? **Rocky**
9 Was ist am Fernsehen meistens ungelöst? **Aktenzeichen xy**
10 Welche Gruppe sang »Waaterloo«? **ABBA**
11 Welche Art Musik macht Johnny Cash? **Country**
12 Welche Rocksängerin schaffte 1984 mit dem Album »Private Dancer« ihr großes Comeback? **Tina Turner**
13 Was bekommt man, wenn man im Restaurant ein Cassata bestellt? **Eis**
14 Wer bedient in einer Band die Fußmaschine? **Schlagzeuger**
15 Welcher Spaßmacher benützt einen Elefanten als Markenzeichen? **Otto**
16 Wie heißt der Junge aus dem Dschungelbuch? **Mogli**
17 Was verkauft die Firma EMI? **Schallplatten**
18 Welche englischen Musiker waren die Stars im Film »Yeah, yeah, yeah? **Beatles**
19 Welches war Walt Disneys erste Zeichentrickfigur? **Micky Maus**
20 Von welchem Regisseur sind die Gruselfilme »Psycho« und »Die Vögel«? **Alfred Hitchcock**
21 Was ist rund und schwarz, hat zwei Seiten und kann furchtbar laut sein? **Schallplatte**

22 Sind auf einem Klavier mehr schwarze oder mehr weiße Tasten? **Weiße**
23 Welchen Durchmesser hat eine LP? **30 cm**
24 Wie heißt der unzertrennliche Partner von Ahörnchen? **Behörnchen**
25 Welcher Schokoladestengel heißt wie ein Planet? **Mars**
26 Wo werden Edelsteine benutzt, um Musik zu machen? **Plattenspieler**
27 Wer spielte Nobody im Western »Mein Name ist Nobody«? **Terence Hill**
28 Welchen Tanz tanzt man, wenn man einen »Smurf« tanzt? **Breakdance**
29 Wie heißt der Schauspieler Rühmann mit Vornamen? **Heinz**
30 Wie heißt die Freundin von Donald Duck? **Daisy**
31 Welcher Film machte John Travolta berühmt? **Saturday Night Fever**
32 Von welcher großen Stadt ist Hollywood nur Vorort? **Los Angeles**
33 Welche sogenannte Jugendzeitschrift bringt jede Woche die Rubrik »Stars auf Tournee«? **Bravo**
34 Wie heißt die Bühne im Zirkus? **Manege**
35 Wie heißt der Inspektor, der Derrick hilft? **Inspektor Klein**
36 Wie heißt der Pop-Star Michael Jackson wirklich? **Michael Jackson**
37 Wer war Old Shatterhands Blutsbruder? **Winnetou**
38 Welche Farben hat Supermanns Kleidung? **Blau, rot, gelb**
39 Was sucht man meistens mit einer Wünschelrute? **Wasser**
40 Was fehlt einem Chor, der »a capella« singt? **Instrumente**

Technik und Wissenschaft

1 Was kann ein dreibeiniger Tisch im Gegensatz zum vierbeinigen nicht? **Wackeln**
2 Welche Menschen behandelt ein Gynäkologe? **Frauen**
3 Wie heißen die Brücken, über die man Wasser leitet? **Aquädukte**
4 Wie heißen die wiederverwendbaren Raumschiffe der USA? **Space Shuttle**
5 Wie heißt der große Propeller der Hubschrauber? **Rotor**
6 Was ist Wetterleuchten? **Die Blitze weit entfernter Gewitter**
7 Wie nennt man das holperige Straßenpflaster aus Natursteinen? **Kopfsteinpflaster**
8 Was ist größer: ein Blatt A4 oder A5? **A4**
9 Warum kann man brennendes Benzin oder Öl nicht mit Wasser löschen? **Beide schwimmen oben und brennen weiter**
10 Welchen Buchstaben benutzten die Römer für Eintausend? **M**
11 Welcher Mensch hat immer mit Hämmern, Ambossen und Steigbügeln zu tun? **Jeder: Sie sind in seinen Ohren**
12 Was kann man mit dem Werkzeug »Geißfuß« tun? **Nägel ziehen**

13 Was gibt der cw-Wert eines Autos an? **Windschlüpfrigkeit**
14 Wie heißt das härteste Material, das in jeder Wohnung vorkommt? **Glas**
15 Welche Sonnenstrahlen bräunen unsere Haut? **Die ultravioletten**
16 Wie nennt man das Loch in einer Nähnadel? **Nadelöhr**
17 Warum werden die Flügel eines Jumboflugzeuges leichter, wenn es fliegt? **Weil in ihnen der Treibstoff ist**
18 Wieviel Gramm hat ein Viertelpfund? **125**
19 Wie nennt man einen Autofahrer, der auf der Autobahn auf der falschen Seite fährt? **Geisterfahrer**
20 Wo findet man Stalagmiten und Stalagtiten? **Tropfsteinhöhlen**
21 Wie schnell darf man mit Auto und Motorrad fahren? **So daß man auf halbe Sichtweite anhalten kann.**
22 Wie heißt der Läufer auf dem Computer-Schirm? **Cursor**
23 Was hat der VW-Käfer mit dem Porsche gemeinsam? **Den Konstrukteur**
24 Wozu benutzte man die Monokel? **Als Brille = eine Linse**
25 Was fliegt schneller: Ein Raumschiff oder eine Gewehrkugel? **Raumschiff**
26 Welches Medikament kann man ohne Bedenken beliebig lange einnehmen? **Keines**
27 Welche Seite eines Schiffs wird Steuerbord genannt? **Die rechte in Fahrtrichtung**
28 Was ist heißer: Zigarettenglut oder geschmolzenes Blei? **Zigarette**
29 Welcher Planet ist der dritte in unserem Sonnensystem? **Erde**
30 Wieviele Augen hat ein Würfel insgesamt? **21**
31 Welcher Knochen bildet zusammen mit dem Wadenbein den Unterschenkel? **Das Schienbein**
32 Zu welcher Pflanzenfamilie gehört die Windrose? **Zu keiner**
33 Wie nennt man die horizontalen Linien auf einer Landkarte? **Breitengrade**
34 Was bremst einen rollenden Ball? **Reibung**
35 Was stellt ein Küfer her? **Fässer**
36 Welcher Teil einer Weltraumreise gilt als der gefährlichste? **Der Wiedereintritt in die Erdatmosphäre**
37 Womit beschäftigt sich ein Botaniker? **Pflanzen**
38 Welche portugiesische Inselgruppe wird in unseren Wetterberichten oft erwähnt? **Azoren**
39 Wie soll ein Nagel sein, damit er beim Einschlagen das Holz nicht spaltet? **stumpf**
40 Welche Himmelskörper haben einen Schweif? **Kometen**

Kunst und Geschichte

1 Woher kommen die Briefmarken mit der Aufschrift »Suomi«? **Finnland**
2 Wie hieß der berühmte amerikanische Bürgerrechtler? **Martin Luther King**
3 Wer hat über fünf Freunde mehrere Bücher geschrieben? **Enid Blyton**
4 Wer ist der berühmteste Comic-Cowboy? **Lucky Luke**
5 Was für Geschichten schrieb der Dichter Hans Christian Andersen? **Märchen**
6 Wie nennt man eine schöne Märchengestalt, die Wünsche erfüllen kann? **Fee**
7 Was ist eine Dschunke? **Chinesisches Segelschiff**
8 In welcher Beethoven-Symphonie kommt das Lied der Freude vor? **Neunte**
9 Wodurch wurden Rubens, Goya und Tizian bedeutend? **Gemälde**
10 Worauf werden Fresken gemalt? **Kalkwände**
11 Welche Sprachen schreibt man von rechts nach links? **Hebräisch und Arabisch**
12 Was bedeutet »Perestroika«? **Demokratisierung in der Sojwetunion**
13 Welches Baßinstrument hat den tiefsten Klang? **Tuba**
14 Was ist eine Mandoline? **Zupfinstrument**
15 Welchen Indianerstamm führte der Häuptling Geronimo? **Apachen**
16 Wie heißt die berühmteste Biene? **Maya**
17 Welche Musikinstrumente baute Antonio Stradivari? **Geigen**
18 Wie nennt man die hölzernen Handklappern spanischer Tänzerinnen? **Kastagnetten**
19 Welcher deutsche Philosoph ist in Moskau eine offizielle Kultfigur? **Karl Marx**
20 Wie nennt man ein Buch, das jemand über sein eigenes Leben schreibt? **Autobiographie**
21 Welcher berühmte Musiker wurde 1980 in New York erschossen? **John Lennon**
22 Was für Leute sind die Hell's Angels? **Rocker**
23 Wie heißt Amor, der Gott der Liebe, bei den Griechen? **Eros**
24 Welche Revolution führte Lenin? **Die russische**
25 Wie hieß Napoleon mit Nachnamen? **Bonaparte**
26 An welches Land denkt man beim Musikinstrument Sitar? **Indien**
27 Was wird am 1. Mai gefeiert? **Tag der Arbeit**
28 Wie heißt der große religiöse Krieg, der zwischen 1618 und 1648 stattgefunden hat? **30jähriger Krieg**
29 Wer gründete die islamische Religion? **Mohammed**
30 Was ist der Stuhl Petri? **Papstthron**

31 Was für ein Landsmann war Wolfgang Amadeus Mozart? **Österreicher**
32 Was schreibt Johannes Mario Simmel? **Romane**
33 Welches Land hatte 18 Könige, die alle Ludwig hießen? **Frankreich**
34 Wurde Franz Kafka durch Literatur, Musik oder Malerei bekannt? **Literatur**
35 Wen machten Max und Moritz mit dem Ruf »Meck, meck, meck« wütend? **Den Schneider Böck**
36 Was ist ein Menuett? **Tanz**
37 Von wem wurde Mona Lisa gemalt? **Leonardo da Vinci**
38 Welche Sprache muß man verstehen, wenn man die »Prawda« lesen will? **Russisch**
39 Wie heißt das Gebäude, in dem die islamischen Gottesdienste stattfinden? **Moschee**
40 Wie heißt allgemein der Baustil, der nach der Romanik kam? **Gotik**

Tiere und Pflanzen und Menschen

1 Wie heißt das Kondenswasser der Natur? **Tau**
2 Woran leidet ein Mensch, der mit Insulin behandelt werden muß? **Zukkerkrankheit**
3 Welches Haustier gilt als das intelligenteste? **Schwein**
4 Welcher Vogel kann während des Fliegens singen? **Lerche**
5 Welchen Schädelknochen kann der Mensch bewegen? **Kiefer**
6 Wie heißt das Tier, das seine Farbe wechseln kann? **Chamäleon**
7 Sind blaue oder braune Augen lichtempfindlicher? **Blaue**
8 Welche Grassorte kann über 40 Meter hoch werden? **Bambus**
9 Welches Säugetier geht als einziges fast immer aufrecht? **Mensch**
10 Was für ein Tier ist der Kormoran? **Vogel**
11 Welche Tiere haben Soldaten, Arbeiterinnen und Königinnen? **Ameisen**
12 Welche Tiere werden von Ornithologen erforscht? **Vögel**
13 Welches Tier hat zwei Löffel und eine Blume? **Hase**
14 Welche Tiere hegt und pflegt ein Imker? **Bienen**
15 Welcher Unterschied besteht zwischen einem Salm und einem Lachs? **Keiner, außer dem Namen**
16 Wieviel Liter Milch gibt eine gute Kuh pro Jahr zirka? **5000 l**
17 Wie viele Zehen hat ein Kamel an jedem Fuß? **Zwei**
18 Welche Fische können einen Menschen innerhalb kurzer Zeit bis aufs Skelett abnagen? **Piranhas**
19 Wie heißen die größten Wespen bei uns? **Hornissen**
20 Was sind Alligatoren? **Krokodile**
21 Wie heißt das Heidekraut mit Vornamen? **Erika**

22 Wie viele Beine hat ein Insekt? **Sechs**
23 Wo haben die Elefanten größere Ohren: in Afrika oder Asien? **Afrika**
24 Was für ein Tier ist die Tarantel? **Spinne**
25 Was für ein Tier ist der Kleine Fuchs? **Schmetterling**
26 Welches Haustier hat einen Pansen? **Kuh**
27 Wie nennt man den Mann der Maus? **Mausbock**
28 Welche Bäume werden über 100 Meter hoch? **Mammutbäume**
29 Wie nennt man die Tierwelt im Gegensatz zur Flora? **Fauna**
30 Wie bezeichnet man Reste von vorgeschichtlichen Lebewesen in Steinen? **Fossilien**
31 Welches Tier muß täglich das 25fache seines Gewichtes essen, damit es auf seinen vielen Beinen nicht zu schwach wird? **Spinne**
32 Welcher Vogel legt die kleinsten Eier? **Kolibri**
33 Wie nennt man das Kind von Stute und Hengst? **Fohlen**
34 Wie viele Haare hat ein Mensch ungefähr auf dem Kopf? **100000**
35 Welche Pflanze wächst auf Bäumen, unter der man sich küssen sollte? **Mistel**
36 Welcher Vogel hat die längsten Flügel? **Albatros**
37 Welches Tier ist das zweitschnellste auf der Welt? **Antilope**
38 An welchem Finger wächst der Nagel am schnellsten? **Mittelfinger**
39 Welches ist das größte Tier, das Eier legt? **Hai**
40 Welchen Vierbeiner machte der Mensch zu seinem ersten Haustier? **Hund**

Sport und Spiel

1 Was sieht ein Fußballspieler, wenn ihn der Schiedsrichter nicht mehr sehen will? **Die rote Karte**
2 Welches Tennisturnier wird auf Rasen gespielt? **Wimbledon**
3 Wieviele Ecken haben die weißen und die schwarzen Lederstücke, aus denen ein Fußball zusammengenäht ist? **weiß = 6, schwarz = 5**
4 Welche Bezeichnung ist für Kurzstreckenläufer gebräuchlich? **Sprinter**
5 Wie heißt ein Unentschieden im Schach? **Remis**
6 Welche Schachfigur darf um die Ecke ziehen? **Springer**
7 Welche Sportart heißt auf japanisch »leere Hand«? **Karate**
8 Wie lange muß ein Rodeoreiter im Sattel bleiben? **8 Sekunden**
9 Wie viele Radmuttern hat ein Formel-1-Rennwagen je Rad? **Eine**
10 Welches olympische Sportgerät ist nur vier bis sechs Zentimeter breit, aber etwa sieben Meter lang? **Das Band für Sportgymnastik**
11 Nach wie vielen gelben Karten bekommt ein Fußballspieler die rote? **Nach einer**
12 Welche Farbe darf ein Tischtennisball außer weiß noch haben? **Gelb**

13 Welche Sportler freuen sich, wenn ihr Ball im Boden verschwindet? **Golfspieler**

14 Welches Sportgerät ist bloß 2,5 Gramm schwer? **Tischtennisball**

15 Wie heißt der Schachzug, bei dem König und Turm gleichzeitig ihre Position wechseln? **Rochade**

16 Wie breit ist das Fußballtor? **7,32 Meter**

17 Wie nennt der Segler die linke Seite seines Bootes? **Backbord**

18 Was sammeln Philatelisten? **Briefmarken**

19 Wie heißen die beiden Stangen an einem Barren? **Holme**

20 Welches Brettspielt hat einen beschwichtigenden Namen? **»Mensch, ärgere dich nicht«**

21 In welchem Sport wird gestoßen und gerissen? **Gewichtheben**

22 Welche Sportler sind im Wettkampf verkabelt? **Fechter**

23 Welche Olympiateilnehmer bestreiten fast den gesamten Wettbewerb auf allen Vieren? **Pferde**

24 Welches ist die beste Lösung, wenn man am Fahrrad einen Platten hat? **Gummilösung**

25 Wie heißt die Niederlage beim Schach? **Matt**

26 Wird ein Läufer disqualifiziert, der beim 110-Meter-Hürdenlauf eine Hürde reißt? **Nein**

27 Welche Zahl steht beim Poolbillard auf der schwarzen Kugel? **8**

28 Wie heißt die Wurfscheibe der Leichtathleten? **Diskus**

29 Wo auf dem Fußballplatz kann ein Spieler nie im Abseits stehen? **In der eigenen Hälfte**

30 Welchen anderen Ausdruck gibt es für Schlittenfahren? **Rodeln**

31 Wie viele Bilder von Männerköpfen gibt es in einem Jaßspiel? **16**

32 Welcher Olympialauf ist der längste? **Marathon**

33 Wie heißt der ringförmige Super-Frisbee? **Aerobie**

34 Welches Sportgerät hat den gleichen Namen wie ein Werkzeug? **Hammer**

35 Welche Sportler blicken zum Start, während sie zum Ziel eilen? **Ruderer**

36 Was wird beim Davis-Cup gespielt? **Tennis**

37 Wie heißt das teuerste Grundstück beim Monopoly? **Zürich Paradeplatz**

38 In welchem Kartenspiel ist ein »Full house« nicht schlecht? **Poker**

39 Welche Sportler fallen am längsten? **Fallschirmspringer**

40 Darf man mit dem Fahrrad ein Tempolimit überschreiten? **Nein**

Hitparade 65

Musikquiz

1 Art und Ort

Musikwettbewerb

2 Vorbereitungen

Einen oder zwei Musikfans der Gruppe beauftragen, eine Kassette zusammenzustellen mit Hits aus den letzten Jahren. Dazu die nötigen Fragen formulieren.

3 Spielregel

Ein oder zwei Musikfans der Gruppe stellen eine Kassette mit Hits der letzten Jahre zusammen und stellen dazu Fragen, z. B.: Wann war dieses Stück oben in der Hitparade? Um welche Gruppe handelt es sich? Welche Art Musik ist es? usw. – 2 bis 3 Teilnehmer/innen schließen sich zu einer Gruppe zusammen. – Die Kassette wird abgespielt und dazwischen die Fragen gestellt. – Die Gruppen schreiben ihre Antworten auf ein Papier. Die Antworten werden entsprechend den Fragen numeriert. – Um die Antworten zu kontrollieren, wird die Kassette noch einmal abgespielt, und miteinander werden die richtigen Antworten ermittelt. – Wer die meisten Fragen richtig beantwortet hat, bekommt eine leere Kassette, um den nächsten Musikwettbewerb vorzubereiten.

4 Material

Papier und Bleistifte. Der Rest wird von der Vorbereitungsgruppe geliefert.

5 Erfahrungen

Mit diesem Wettbewerb kann man den Jugendlichen zeigen, daß man ihre Musik tatsächlich ernst nimmt. Es gibt Gespräche über ihre Musik, und die Musikfans können ihren Beitrag leisten für die Gruppe.

Biblisches Fußballmatch mit 206 ausgewählten Fragen

66

1 Art und Ort

Bibelquiz für zwei Teams.

2 Vorbereitungen

Biblische Fragen und 2 Bälle besorgen.

3 Spielregel

Die Gruppe wird in zwei Teams aufgeteilt, die einander gegenübersitzen. Beide Teams werden in vier Spiellinien (Untergruppen) aufgeteilt: Stürmer, Aufbauer, Verteidiger und Goalis. Beide Teams bekommen einen Ball, und es darf immer nur diejenige Gruppe, die im Ballbesitz ist, auf die Frage antworten. Wer die Frage zuerst richtig beantwortet, bleibt im Besitz des Balls, die andern müssen den Ball an die folgende Gruppe weitergeben. – Die erste Frage richtet sich also an die beiden Stürmergruppen, die zweite an eine Stürmer- und eine Aufbauergruppe usw. Es ist möglich, daß Aufbauer oder Stürmer gegen Goalis oder auch die Goalis gegeneinander antreten müssen, je nach Stärke der Teams. Der Ball wird aber immer nur in Richtung Goal gespielt und nie zurück zu den Stürmern (so gibt es mehr Tore). – Wenn jemand, der nicht im Ballbesitz ist, die richtige Antwort weiß, kann er dies mit einem Handzeichen melden. Solche richtigen Antworten werden dann als »Freistöße« gutgeschrieben. Hat ein Team drei »Freistöße« auf dem Konto, dürfen sie einen Penalty schießen: Stürmer gegen Goalis.

4 Material

Biblische Fragen, 2 Bälle, Notizpapier.

5 Erfahrungen

Es hat sich bewährt, nach jedem Tor die Rollen in den Teams zu tauschen: Aus den Goalis werden Stürmer und umgekehrt. Die Fragen sind alphabetisch geordnet, damit die Spieler wissen, mit welchem Buchstaben die Antwort beginnt (das macht das Antworten ein bißchen leichter).

Biblische Fragen

A

- Name eines Propheten? **Amos**
- Zu wem sagte Gott: »Im Schweiße deines Angesichts sollst du dein Brot essen!« **Adam**
- Stammvater des Volkes Israel? **Abraham**
- Welche Handlung in der Kirche erinnert daran, daß Christus für uns gestorben ist? **Abendmahl/Eucharistie**
- Welches Buch gilt für Juden und Christen? **AT**
- Saras Ehemann? **Abraham**
- Wer wurde von Gott aufgefordert, den eigenen Sohn zu opfern? **Abraham**
- Wer wartet darauf daß Gott ihnen zu essen gibt? **Alle**
- Wer bewohnte den Garten Eden? **Adam und Eva**
- Römischer Kaiser zur Zeit der Geburt Jesu? **Augustus**
- Beruf des Evangelisten Lukas? **Arzt**

B

- Was ist ein Gleichnis? **Bild, Bildrede**
- Jüngster Sohn Jakobs? **Benjamin**
- Wo ist das *Unser Vater* aufgeschrieben? **Bergpredigt**
- Wer zerstörte Jerusalem zur Zeit Jeremias? **Babylonier**
- Geburtsort Jesu? **Betlehem**
- Wo wurde ein Turm in den Himmel hinauf gebaut? **Babylon**
- Über wem läßt Gott seine Sonne auch leuchten? **Bösen**
- Kirchliches Fest nach Pfingsten? **Bettag**
- Was heißt Bibel auf Deutsch? **Buch**

C

- Wer sagte: »Die Letzten werden die Ersten sein«? **Christus**
- Reformator der welschen Schweiz? **Calvin**
- Titel unseres obersten Herrn? **Christus**
- Wer sagte: »Wer zu essen hat, gebe dem, der nichts hat«? **Christus**

D

- Die Löwen taten ihm kein Leid an? **Daniel**
- Wie hieß der größte Psalmdichter? **David**
- Wie oft wurde Jesus in der Wüste auf die Probe gestellt? **Dreimal**
- Wie viele Paulusbriefe gibt es? **Dreizehn**
- Wie nennt man die evangelischen Schwestern, die nicht heiraten? **Diakonissen**
- Jesus sagt: »In der Welt habt ihr Angst, ...« Wie geht's weiter? **... doch seid getrost! Ich habe die Welt überwunden.**

– Bekanntester Ehebrecher in der Bibel? **David**
– Was macht den Menschen glücklich? **Dankbarkeit**

E

– Um was ging es beim teuersten Mittagessen in der Bibel? **Erbe**
– Wer aß das teuerste Mittagessen in der Bibel? **Esau**
– An wen richtete Gott die Worte: »Mit Schmerzen sollst du die Kinder gebären«? **Eva**
– Wie hieß der Bruder Jakobs? **Esau**
– Biblisches Buch und Frauenname? **Esther**
– Von welchem Baum hätten Adam und Eva nicht essen sollen? **Erkenntnis**
– Wer sagte: »Ehre sei Gott in der Höhe und Frieden auf Erden«? **Engel**
– Wie hieß die Mutter von Abel? **Eva**

F

– Welche Tiere haben es in Sachen Bett besser als Jesus? **Füchse**
– Wie nennt man das Beten für andere Menschen? **Fürbitte**
– »Wo der Geist Gottes ist, da ist ...« Was? **Frieden**
– »... dich nicht, denn ich erlöse dich« **Fürchte**
– Welche Spender hat Gott besonders lieb? **Fröhliche**
– Mit welcher Handlung zeigte Jesus den Jüngern, daß er dienen will und daß auch sie dienen sollen? **Fußwaschung**
– Wen soll man nach Jesus ganz besonders lieben? **Feinde**
– Gruß Jesu? **Friede sei mit euch**

G

– An welchem See war Petrus Fischer? **Gennesaret**
– Wer sagte: »Edel sei der Mensch, hilfreich und gut«? **Goethe**
– Evangelium auf Deutsch? **Gute Nachricht**
– Feierliches Versprechen vor Gott? **Gelübde**
– Was heißt: Sich Gott ganz anvertrauen? **Glauben**
– Hier stand das Kreuz Christi? **Golgota**
– Größtes Gebot? **Gott lieben**
– Was sollen wir nie vergessen? **Gutes, das Gott getan hat**
– Wer eines spricht, wird gestärkt? **Gebet**
– Was ist der Mensch auf dieser Erde? **Gast**

H

– Wie heißen die französischen Protestanten? **Hugenotten**
– Welche Tiere waren die einzigen Freunde des armen Lazarus? **Hunde**
– Mit welchem Ereignis beginnt die Apostelgeschichte? **Himmelfahrt**
– Von wem wurde Petrus an sein Lügen erinnert? **Hahn**
– Wovon lebte Johannes der Täufer in der Wüste? **Heuschrecken und Honig**

- Ausruf der Freude und Dankbarkeit? **Halleluja**
- Wichtigste Eigenschaft Gottes? **Heiligkeit**
- Zwei überirdische Orte? **Himmel und Hölle**

I
- Welcher biblische Mann gibt uns im Leiden ein Vorbild? **Ijob**
- Rebekkas Ehemann? **Isaak**
- Josefs Großvater? **Isaak**
- Wann soll man Gott loben? **Immer**
- Heimatland des Hinduismus? **Indien**
- Wann darf ein Mensch sich Gott anvertrauen? **Immer**

J
- Vor welcher Stadt liegt Golgota? **Jerusalem**
- Wer hat seinen blinden Vater betrogen? **Jakob**
- Propheten? **Jeremia, Jesaja, Jona, Joël**
- Welcher Prophet flüchtete aufs Schiff, um seinem Auftrag zu entfliehen? **Jona**
- Wo wurde Jesus getauft? **Jordan**
- Wer träumte von einer Himmelsleiter? **Jakob**
- Bußprediger und Wegbereiter Jesu? **Johannes**
- Treuer Freund Davids? **Jonatan**
- Welche Stadt ist für Juden, Christen und Moslems ein Zentrum? **Jerusalem**
- Aus welchem Volk stammt Jesus? **Juda**
- Welche Stadt wurde von den Israeliten mit Posaunen (Hörnern) erobert? **Jericho**
- Wichtigster Fluß in Israel? **Jordan**

K
- Wer sagte: »Soll ich meines Bruders Hüter sein?« **Kain**
- Der erste Mörder, von dem die Bibel berichtet? **Kain**
- Womit vergleicht Jesus die Reichen, die es schwer haben, ins Reich Gottes zu gelangen? **Kamele**
- Ein Zeichen der Liebe und des Verrats? **Kuß**
- Wer wohnte im Heiligen Land, bevor die Israeliten kamen? **Kanaaniter**
- Wichtigstes Symbol der Christen? **Kreuz**
- Die Gemeinschaft der Christen? **Kirche**
- Erinnerung an die Kreuzigung Christi? **Karfreitag**
- Welche Menschen sind von Gottes Liebe ausgeschlossen? **Keine**
- Welches Zeichen erinnert uns überall daran, daß Gott und die Menschen zusammengehören? **Kreuz**

L

- Was ist das beste für unsere Seele? **Lob Gottes**
- Wer wurde von Jesus auf wunderbare Weise vom Tode auferweckt? **Lazarus**
- Welcher Evangelist war Arzt? **Lukas**
- Woran erkennt man die Nachfolger Jesu? **Liebe**
- Was trennte Gott bei der Schöpfung als erstes? **Licht und Finsternis**
- Wie hieß die erste Christin in Europa? **Lydia**
- Zweitwichtigstes Gebot? **Liebe deinen Nächsten wie dich selbst**
- Wer schrieb zwei lange Bücher des Neuen Testaments? **Lukas**
- Was sollen wir einander abnehmen? **Lasten**

M

- Evangelium? **Markus, Matthäus**
- Schwester von Maria? **Marta**
- Wo erlitt Paulus auf seiner Missionsreise Schiffbruch? **Mittelmeer**
- Wem erschien der auferstandene Christus zuerst? **Maria aus Magdala**
- Welche Mutter machte ihrem Kind Vorwürfe, weil es allein im Tempel geblieben war? **Maria**
- Wovon lebte das Volk Israel in der Wüste? **Von Manna und Wachteln**
- Ältestes Evangelium? **Markus**
- Was können wir in der Liebe immer noch tun? **Mehr**
- Was schenkt Gott ängstlichen Menschen? **Mut**

N

- Warum wurde Kain zum Brudermörder? **Neid**
- Wie viele Seligpreisungen stehen in der Bergpredigt? **Neun**
- Wer kann sich selbst erlösen? **Niemand**
- Wo sollte Jona predigen? **Ninive**
- Heimatort Jesu? **Nazaret**
- Wer kann Gott und dem Geld dienen? **Niemand**
- Wo steht, daß Abel den Kain erschlagen hat? **Nirgends**
- Wer wandelt nicht in der Finsternis? **Nachfolger Christi**

O

- Wie heißt die Bewegung zur Einigung der christlichen Kirchen? **Ökumene**
- Feier der Auferstehung Christi? **Ostern**
- Letztes Buch der Bibel? **Offenbarung**
- Was fehlte den 5 Jungfrauen im Gleichnis der 10 Jungfrauen? **Öl**
- Das älteste christliche Fest? **Ostern**

P

- Berühmter Fischer? **Petrus**
- Welcher Apostel brachte das Evangelium nach Europa? **Paulus**

- Wie nennt man die Reformierten auch? **Protestanten**
- Wie heißen in der Bibel die Wortführer Gottes? **Propheten**
- Welches kirchliche Fest erinnert an die Ausgießung des Heiligen Geistes? **Pfingsten**
- Geburtsfest der Kirche? **Pfingsten**
- Jüdisches Fest? **Passah**
- Welche Partei machte Jesus sehr zu schaffen? **Pharisäer**
- Wer half Jesus verurteilen und sagte: »Ich wasche meine Hände in Unschuld«? **Pilatus**
- Zu wem sagte Jesus: »Wer zum Schwert greift, kommt durch das Schwert um«? **Petrus**
- Biblische Trost- und Danklieder? **Psalmen**
- Wo wird versucht, die Bibel in unsere Zeit zu übertragen? **Predigt**
- Herrscher in Ägypten zur Zeit Mose? **Pharao**
- Wo steht: »Der Herr ist mein Hirte«? **Psalm 23**

Q
- Was ist Gottes Wort in der Bibel? **Quelle des Lebens**

R
- Biblische Frauennamen? **Rahel, Rebekka, Rut**
- Letzte Wirkungsstätte des Paulus? **Rom**
- Wie nannten die Jünger Jesus in ihrer Sprache? **Rabbi**
- Wie hieß der älteste Sohn Jakobs? **Ruben**
- Welcher Vogel wurde von Noach zuerst ausgesandt? **Rabe**
- Welchem Volk waren die Juden zur Zeit Jesu untertan? **Römer**
- Was machte Gott am siebten Schöpfungstag? **Ruhen**
- Was will Christus mit uns zusammen aufbauen? **Reich Gottes**

S
- Welcher Hilfsverein erinnert an ein Gleichnis in der Bibel? **Samariterverein**
- Wie heißen die heiligen Handlungen in der Kirche? **Sakramente**
- Welche Tiere hütete der »verlorene Sohn« in der Fremde? **Schweine**
- Wer wurde wegen des Glaubens an Christus als erster gesteinigt? **Stephanus**
- Schlußwort des Gottesdienstes? **Segen/Entlassung**
- Versammlungsort der Juden? **Synagoge**
- Wie viele Bitten sind im Vaterunser? **Sieben**
- Womit beginnt das Alte Testament? **Schöpfung**
- Wer baute den ersten Tempel in Jerusalem? **Salomo**
- Wer war der erste König Israels? **Saul**
- Gegenteil von Fluch? **Segen**

- Wessen Weisheit wird in der Bibel ganz besonders hervorgehoben? **Salomos**
- Zu welchen Menschen ging Jesus immer wieder, um ihnen von Gottes Liebe zu erzählen? **Sündern**

T

- Zu wem sagte Jesus: »Der Mensch lebt nicht vom Brot allein...«? **Teufel**
- Wer wollte zuerst sehen, bevor er die Auferstehung Christi glauben konnte? **Thomas**
- Wohin fließt der Jordan? **Totes Meer**
- Welcher Vogel brachte Noach einen Ölzweig zurück? **Taube**
- Rock, der von vielen Pfarrern getragen wird? **Talar**
- Handlung, bei der ein Mensch in die Kirche aufgenommen wird? **Taufe**
- Christus hat auch ihn überwunden? **Tod**
- Symbol des Heiligen Geistes? **Taube**
- Wie heißt das jüdische Gesetz? **Tora**
- Symbol des Friedens? **Taube**
- Woran sollten wir in unserem Leben ab und zu denken? **Tod**

U

- Wem gehört die Macht und die Herrlichkeit in Ewigkeit? **Unserem himmlischen Vater**
- Für wen wurde die Bibel geschrieben? **Uns**
- Wessen Leben ist Gott nicht gleichgültig? **Unser**
- Was haßt Gott ganz besonders? **Unrecht**
- Was ist eine Hiobsbotschaft? **Unglücksnachricht**

V

- Wichtigstes Gebet der Christenheit? **Vaterunser**
- Was hat Gott uns getan, das wir einander auch immer wieder tun sollen? **Vergeben**
- Ein anderer Name für Gott? **Vater im Himmel**
- Wohin soll Gott uns nicht führen? **Versuchung**
- Was sollen wir einander 7 mal 70 mal tun? **Vergeben**
- Wer schrieb die Bibel? **Viele Autoren**
- Wie viele Evangelien gibt es in der Bibel? **Vier**
- Was gab uns Gott, damit wir vernünftig mit seiner Schöpfung umgehen können? **Verstand**

W

- Was ist immer richtig? **Wahrheit**
- Wie heißen die italienischen Protestanten? **Waldenser**
- Was ist in der Bergpredigt gesammelt? **Worte Jesu**

- Wer ist stärker als der Starke? **Wahrhaftige**
- Wo haben die Menschen Angst? **Welt**
- Was ist der Mensch? **Werkzeug Gottes**

XY

- Wie viele Bücher sind in der Bibel? **66** (mit Apokryphen **77**); nach katholischer Zählweise **73** (46 AT, 27 NT)
- Was bedeutet die Aufschrift am Kreuz Christi: INRI? **Jesus von Nazaret, König der Juden**

Z

- Oberzöllner und Betrüger, der zum Freund Jesu wurde? **Zachäus**
- Welchen Beruf hatte der Apostel Paulus? **Zeltmacher**
- Reformator der deutschen Schweiz? **Zwingli**
- Wie viele Stämme waren in Israel? **Zwölf**
- Welche Bäume waren eine Besonderheit des Libanons? **Zedern**
- Name des Tempelberges in Jerusalem? **Zion**
- Was sehen wir nicht, Gott aber kennt es? **Ziel**
- Was kann nach der Bibel kein Mensch zähmen? **Zunge**
- Wie viele Jünger hatte Jesus? **Zwölf**
- Was liegt während unseres Lebens im Glauben immer vor uns? **Ziel**

Ein paar Gedanken zum Unterwegssein mit Jugendlichen

A

Alter: Die Jugendzeit kennt eine Altersgrenze, das Unterwegssein mit Jugendlichen jedoch nicht. Wer ehrlich zu seinem Alter steht und sich dem Alter entsprechend benimmt, kann bis ins hohe Alter als väterlicher Freund oder mütterliche Freundin mit Jugendlichen zusammen unterwegs sein.
Aufbau einer Jugendgruppe: Mit viel Vertrauen und Engagement läßt sich praktisch überall eine Jugendgruppe aufbauen. Man sollte jedoch nicht warten, bis die Jugendlichen die Schule verlassen haben.

B

Beweglichkeit: In einer lebendigen Jugendgruppe gibt es oft Wichtigeres als das, was auf dem Programm steht oder das, was man gerade vorbereitet hat.
Brücken schlagen: Es gibt eine ganze Reihe Studien über Jugendprobleme und über den Graben zwischen der Welt der Jugendlichen und der Erwachsenenwelt. Eine lebendige Jugendgruppe, die von engagierten Erwachsenen mitgetragen wird, schlägt über jeden Graben eine solide Brücke. Aus diesem Grund ist es immer besser, eine Jugendgruppe oder einen Jugend-Treff zu begleiten, statt über den Generationengraben zu klagen.

C

Christlich: Was ist eine *christliche* Jugendgruppe? Eine christliche Jugendgruppe hat immer eine offene Türe für alle, wie der gütige Vater im Gleichnis, denn die Liebe Gottes schließt niemand aus.

D

Durststrecken: Jede Jugendarbeit kennt Durststrecken, denn Jugendarbeit ist keine Höhenfahrt, sondern eine Berg- und Talwanderung. Keine Gruppe ist so stark von der Abwanderung betroffen wie die Jugendgruppen (altersbedingt). Zuverlässige Mitarbeiter, gute Werbung und Öffentlichkeitsarbeit helfen über manche Durststrecke hinweg.

E

Engagement: In unserer Zeit lebt praktisch jede Jugendgruppe nur vom persönlichen Engagement einzelner, die immer wieder bereit sind, ein bißchen mehr zu geben und zu dienen als erwartet wird und als im Pflichtenheft steht.

Erwartungen: Viele Erwartungen an die Jugendlichen sind viel zu hoch gesteckt oder werden gar nicht ausgesprochen. Unausgesprochene Erwartungen führen aber auch in der Jugendarbeit bloß zu Enttäuschung. Die Jugendlichen sind dankbar, wenn wir unsere vernünftigen Erwartungen laut aussprechen.
Enttäuschungen: Leer schlucken gehört zum Unterwegssein mit Jugendlichen. Wer sich nach Enttäuschungen zu oft verschluckt, dem geht bald einmal der Atem aus mit den Jugendlichen zusammen.

F

Fehler: Die Bereiche, in denen Jugendliche ohne große Folgen Fehler machen und aus Fehlern lernen dürfen, werden immer enger und enger. Eine aufgeschlossene Jugendgruppe bietet auch diese Möglichkeit.
Freude: Jugendliche haben ein feines Gespür dafür, ob ein/e Leiter/in bloß den Job ausübt oder aus Freude Jugendarbeit betreibt. Jugendarbeit ohne Freude ist Betrug an den Jugendlichen. Noch selten ist mir in den Gruppen etwas, das ich mit ganzem Herzen tat, mißraten, aber Halbherziges kam fast immer nur halb heraus.

G

Glauben: Glauben und Gottvertrauen wachsen auf verschiedensten Böden. Gegenüber dem kirchlichen Pflichtunterricht hat eine Jugendgruppe, die freiwillig besucht werden darf, viele Vorteile.
Gott: Vielleicht verstehen die Jugendlichen nicht sehr viel, wenn Theologen über Gott theologisieren, aber wenn wir versuchen, in einer Gruppe die Liebe Gottes erfahrbar zu machen, dann müssen wir nicht mehr viel erklären.
Gruppen: Die Zukunft unserer Kirchen liegt in den Gruppen, die man freiwillig besuchen darf und in denen man das findet, was man zum Leben braucht.

H

Humor: Lächeln ist die kürzeste Verbindung zwischen zwei Menschen – auch zwischen den Generationen. Über vieles, das mit Jugendlichen zusammen passiert, kann man nur lachen. Vieles darf man nicht so tierisch ernst nehmen. Toll ist es, wenn die Jugendlichen auch einmal ganz offen und ehrlich über die Leiter/innen lachen dürfen.

I

Interesse: Schon oft stießen wir mit unseren Vorschlägen bei den Jugendlichen nicht auf großes Interesse. Aber noch viel häufiger durften wir erleben, wie sich das *Ausrufen* und die Gleichgültigkeit im Verlaufe des Spiels in Interesse und Freude verwandelten. Interesse kann geweckt werden, wenn man von dem, was man bieten möchte, überzeugt ist.

J

Jugend: Auch nach vielen Jahren kann ich noch nicht sagen, was die Jugend ist. Ich begegnete immer nur ganz verschiedenartigen Jugendlichen. Das war zwar nicht immer leicht, dafür meistens sehr spannend.

Jugendarbeiter/innen: Viele Jugendarbeiter/innen wechseln zu oft den Arbeitsplatz, und die Kontinuität, die auch für die Jugendarbeit in einer Gemeinde sehr wichtig ist, geht dabei verloren. Vielleicht sollten Jugendarbeiter vermehrt auch Altersarbeit betreiben, um verschiedenen Altersgruppen als Gesprächspartner zu begegnen. Denn wer sich nur auf die Jugend ausrichtet, steht immer wieder allein da (altersbedingt).

K

Konflikte: Jugendarbeit ohne Konflikte gibt es nicht, denn die Phantasie, das Träumen, die Beweglichkeit, die Freiheit, der Übermut und die Unruhe der Jugend sind immer wieder eine Herausforderung an das Herkömmliche, an die Traditionen, an die Kirche. Aber gerade aus diesen Konflikten heraus kann Neues wachsen; Neues, das vielleicht sogar besser ist als das Herkömmliche.

Konsum: Wir leben in einer Konsumgesellschaft, die nicht von den Jugendlichen geschaffen worden ist, die aber das Verhalten der Jugendlichen maßgeblich bestimmt. Auch die Kirche muß den Jugendlichen etwas »bieten«. Ich finde es tausendmal besser, wenn die Jugendlichen in den Jugendgruppen *Abwechslung* »konsumieren«, statt Drogen zu konsumieren.

L

Lagerwochen: Jede Lagerwoche, jede gemeinsame Ferienwoche mit der Gruppe ist eine Anstrengung, die sich ganz sicher rentiert, denn durch dieses intensive Zusammenleben kommt »Kitt« in die Gruppe.

Liebe: Praktisch alle Jugendlichen, die unsere Gruppen besuchen, brauchen mehr Liebe, als sie normalerweise bekommen.

Linie: Viele Jugendliche erwarten von den Leitern und Leiterinnen eine ganz klare Linie, mit der sie sich kritisch auseinandersetzen und an der sie sich messen können.

M

Mitarbeiter/innen: Mitarbeiter/innen für die Jugendarbeit findet man überall. Sie helfen nicht nur die Lasten tragen, sondern auch die Belastungen in Krisen oder Auseinandersetzungen.

N

Normen: Auch eine Jugendgruppe braucht gewisse Normen, nur sollten sie nicht älter als 2000 Jahre sein und mit der Gruppe zusammen immer wieder neu überdacht und festgelegt werden.

O

Ordnung: Ordnung ist das halbe Leben, die andere Hälfte ist auch nicht schön. Das sagen Jugendliche etwa, wenn wieder einmal Ordnung gemacht werden sollte. Sich selbst an eine gewisse Ordnung halten, trotz allem, ist in Jugend-Treffs auch eine Form von Nächstenliebe.

P

Pfarrer: Ob wir es gerne hören oder nicht: Der Pfarrer verkörpert für die meisten Jugendlichen »die Kirche«. Wenn das Verhältnis zum Pfarrer stimmt, stimmt auch das Verhältnis zur Kirche. Es entkrampft daher die Beziehung der Jugendlichen zur Kirche wesentlich, wenn sie den Pfarrer nicht nur als Amtsperson im Pflichtunterricht und in den Pflichtgottesdiensten kennenlernen, sondern auch als Spielgefährten in den Jugendgruppen.
Programm: Soll man in Jugendgruppen ein Programm anbieten oder nicht? Wir haben immer ein Programm angeboten, und die meisten Jugendlichen sind enttäuscht, wenn einmal kein Programm angeboten wird.

Q

Quelle: Jugendarbeit braucht eine ganz besondere Kraft-Quelle, sonst geht einem plötzlich die Luft aus. Ich finde diese Quelle im Gebet und in der Zusammenarbeit mit anderen.

R

Religiös: Ich bin immer wieder überrascht, wie praktisch alle in den Jugendgruppen und Ferienwochen die religiösen Besinnungen mit offenen Ohren und Herzen aufnehmen. Aber eigentlich ist das ja gar nicht so erstaunlich, denn Religion gehört zu jedem Alter des Menschseins.
Risiko: Ein gewisses Risiko besteht immer, auch wenn wir uns nicht in der Jugendarbeit engagieren. Kirchliche Arbeit ist risikoreiche Arbeit. Aber Jesus war ein noch viel größeres Risiko eingegangen. Zum Glück, sonst wüßten wir fast nichts von Gottes großer Liebe.
Rücksicht: Ohne böse Absicht sind Jugendliche oft ein wenig rücksichtslos. Sie machen Lärm, hinterlassen eine Unordnung oder handeln ein bißchen unkontrolliert. Als Leiter/in haben wir eine wichtige Aufgabe, damit der Haussegen nicht plötzlich schief hängt.

S

Seelsorge: Der Einsatz in Jugendgruppen und in Lagerwochen ist immer zugleich auch Seelsorge, denn wie kaum an einem anderen Ort wird hier die Seele der Jugendlichen ernstgenommen. In den Jugendgruppen bekommt die jugendliche Seele wichtige Nahrung.
Schwierigkeiten: In jede Gruppe, die eine offene Tür hat, kommen Jugendliche mit Schwierigkeiten oder schwierige Jugendliche. Als Leiter/innen kön-

nen wir dazu sagen: »Es ist gut, daß sie gerade in unsere Gruppe kommen!« Es fällt zwar nicht immer leicht, so etwas zu sagen.
Spielen: Wer gerne und mit Begeisterung spielt, hat es viel leichter, die Jugendlichen zum Mitmachen zu begeistern.

T

Toleranz: Leiter/innen müssen nicht jedem Blödsinn gegenüber tolerant sein; aber im Ja sagen zu den Jugendlichen als Menschen können wir wohl kaum tolerant genug sein.

U

Überraschungen: Wer Überraschungen liebt und das Abenteuer sucht, sollte sich unbedingt in der Jugendarbeit engagieren.
Umwege: Umwege sind keine Irrwege, denn recht viele Jugendliche können wir nur abholen, wenn wir bereit sind, einen Umweg zu machen. Jugendliche klammern sich meistens noch nicht an die gerade und senkrechte Profit- und Erfolgsleiter.

V

Vorurteile: Jeder erwachsene Mensch war einmal jung, und sehr viele meinen daher, die Jugend zu kennen. Aber diese Meinung ist wohl das größte Vorurteil, das Jugendlichen in den Weg gelegt wird. Denn jede Jugend lebt in ihrer eigenen Zeit. Wir Erwachsenen können die Jugendlichen unserer Zeit nur kennenlernen, wenn wir mit ihnen zusammen durch diese Zeit gehen.

W

Warten: Wer als Jugendliche/r etwas ganz Bestimmtes erleben oder in Bewegung setzen möchte, kann nicht warten, sonst gehört er/sie plötzlich nicht mehr zur Jugend. Jugendliche Mühlen mahlen viel schneller als die behördlichen Mühlen, darum reden sie so oft aneinander vorbei.
Werbung: Die Jugendlichen werden heute von allen Seiten mit allen möglichen und unmöglichen Mitteln umworben. Sie hören und schauen auf die Werbung. Aus diesem Grund muß sich auch eine Jugendgruppe immer wieder etwas Neues einfallen lassen, um Mitglieder zu werben.

X

X-fach: Die Jugend besteht aus lauter Originalen und nicht aus X Kopien eines gleichförmigen, langweiligen Menschentyps.

Y

Yeti: Der Yeti ist ein vermuteter Schneemensch im Himalajagebiet. Man hat bisher offenbar nur seine Spuren gesehen. Eine lebendige Jugendgruppe hinterläßt bei den Jugendlichen auch Spuren, die auf etwas viel Größeres hinweisen.

Z

Ziel: Wer mit Jugendlichen zusammen unterwegs ist, sollte der Ehrlichkeit halber mit ihnen auch ab und zu über das Ziel des gemeinsamen Weges reden, d. h. manchmal ein Bekenntnis ablegen. Vielleicht so: »Ich selbst bin auch noch nicht am Ziel, aber ich freue mich darüber, daß ich nicht allein unterwegs bin, und ich vertraue darauf, daß Gott mich keinen Schritt allein läßt.«
Zukunft: Wer die Jugendlichen in allen Teilen ernst nimmt, das Leben mit ihnen zusammen plant und den Weg mit ihnen geht, der will die Zukunft nicht voraussehen, sondern sie für alle möglich machen.

Literaturverzeichnis

Die folgenden Buchveröffentlichungen dienten als Anregungen. Darüber hinaus mehrere Quiz-Bücher und Quiz-Karteien.

Bär, Ulrich: Wörterbuch der Spielpädagogik. Lenoz. Basel 1981.
Bäulke, Ewald: Lustige Tanzspiele. Falken. Wiesbaden.
Cotti/Oberholzer: Kennen und Können. Rex. Luzern 1979.
Daublebsky, Benita: Spielen in der Schule. Klett. Stuttgart 1978.
Flügelman, A.: Die neuen Spiele 1 und 2. Ahorn. Soyen 1979.
Froer, H.: Spielend bei der Sache. Kaiser. München 1972.
Gööck, R.: Das große Buch der Spiele. Mosaik. München 1978.
Görz, H.: Gesellschaftsspiele für drinnen und draußen. Falken. Niederhausen 1982.
Herrgott, F.: Grundspielbuch. Auer. Donauwörth 1983.
Hoeper/Kutzleb/Stobbe/Weber: Die spielende Gruppe. Jugenddienst und Pfeiffer. Wuppertal/München 1980.
Kalker Spiele. Kennenlernspiele. Kalker. Köln.
Kalker Spiele. Lustige Spiele im Raum. Kalker. Köln.
Kalker Spiele. Lustige Spiele im Freien. Kalker. Köln.
Kuhn, H.: Mit Jugendlichen glauben, hoffen, träumen. Rex. Luzern 1987.
Lachen der Jugend. Komm-mit. Münster.
Leiterbrief: Junge Kirche Schweiz. Zürich.
Lüscher, M.: Farb-Form-Test, Color-Test. Luzern 1979.
Meyer/Schröder: Die junge Generation bestimmt mit. Kösel. München 1985.
Puzzles: Treppauf, treppab. Ullstein. Frankfurt 1986.
Rätsel, Denkspaß, Kniffeleien. Otto Maier. Ravensburg 1984.
Rechberger, K.: Vergnügliche Denk- und Knobelspiele. ASS. Leinfelden 1972.
Schwalbach, H.: Schwalbacher Spielkartei. Wiesbaden.
Schilling, J.: 3 × 52 Gruppenstunden. Kösel. München 1980.
Schilling, J.: Leitfaden für Gruppenleiter. Kösel. München. 1987.
Schilling, J.: Methodenbuch Jugendarbeit Band 1. Kösel. München 1982.
Schilling, J.: Kursbuch Jugendarbeit. Kösel. München 1983.
Schneider/Portmann: Spielen mit Buchstaben, Wörtern, Texten. Don Bosco. München 1984.
Schweiher, G.: Komm, gestalte mit. Grünewald. Mainz 1978.
Spielkartei. Verlag gruppenpädagogischer Literatur. Wehrheim.
Stiff, G.: 1000 Jugendspiele. Komm-mit. Münster.
Stock, G.: Das Buch der Fragen. Krüger. Frankfurt 1988.
Tolar, G.: Das große Rätselvergnügen. Hugendubel. München 1984.
Woesler, D. M.: Spiele, Feste, Gruppenprogramme. Fischer. Frankfurt 1978.